MANUEL
DE
LECTURE COURANTE
ET
D'INSTRUCTION PRÉPARATOIRE

CONTENANT LES CONNAISSANCES
A LA PORTÉE DES ENFANTS QUI COMMENCENT A LIRE

AVEC DES QUESTIONNAIRES

PAR A. GRESSE

AUTEUR DE PLUSIEURS OUVRAGES ÉLÉMENTAIRES

PREMIÈRE PARTIE

PARIS
LIBRAIRIE DE CH. MEYRUEIS
174, RUE DE RIVOLI

MANUEL
DE
LECTURE COURANTE

ET D'INSTRUCTION PRÉPARATOIRE

QUI COMPRENNENT LES CONNAISSANCES
À LA PORTÉE DES ENFANTS QUI COMMENCENT À LIRE

AVEC DES QUESTIONNAIRES

PAR A. GRESSE
AUTEUR DE PLUSIEURS OUVRAGES ÉLÉMENTAIRES

PREMIÈRE PARTIE

PARIS
LIBRAIRIE DE CH. MEYRUEIS
174, RUE DE RIVOLI

1865

A MM. LES INSTITUTEURS.

Lorsqu'un enfant quitte les tableaux, il commence à savoir lire; mais il ne lit pas encore couramment.

Il est donc nécessaire de continuer avec lui les exercices de lecture pendant un temps plus ou moins long, de le familiariser avec toutes les difficultés et d'assouplir son organe aux nuances diverses de l'intonation, qui change selon le sens et l'importance des phrases et des mots.

Cela n'est pas aussi facile qu'on pourrait le croire au premier abord; et, pour y réussir complétement, il faut beaucoup de zèle et de persévérance.

Mais il est un autre point, non moins important et plus négligé, sur lequel j'appelle particulièrement l'attention.

On ne lit pas seulement pour lire, on lit encore pour son instruction. Un enfant qui s'applique à comprendre ce qu'il lit et à retenir, est sur la voie d'un développement intellectuel indéfini. Il ne faut donc pas se borner à donner à ses élèves une prononciation correcte, un débit agréable. Il faut surtout les obliger à réfléchir, à se rendre compte, à ne pas oublier; et, pour cela, les interroger fréquemment sur ce qu'ils ont lu, sur ce qu'ils viennent de lire.

C'est pour aider à l'accomplissement de cette double tâche que ce petit livre a été publié. Puisse-t-il répondre entièrement à sa destination!

Ⓒ

MANUEL DE LECTURE COURANTE
ET D'INSTRUCTION PRÉPARATOIRE

LA RELIGION.

La première et la plus nécessaire de toutes les connaissances est celle de la *Religion*.

La *Religion* est le culte que nous rendons à Dieu par l'adoration, la prière et l'obéissance.

Elle se divise en deux parties : la *foi*, ou ce que nous devons croire ; la *morale*, ou ce que nous devons faire.

Nous devons croire qu'il y a un Dieu, créateur et conservateur de tout ce qui existe ;

Que ce Dieu est bon, juste, tout-puissant ;

Qu'il voit tout, qu'il sait tout, qu'il connaît tout, même nos plus secrètes pensées ;

Qu'il nous récompensera ou nous punira après notre mort, selon le bien ou le mal que nous aurons fait.

La *morale* comprend nos devoirs envers Dieu, envers notre prochain, envers nous-mêmes.

QUESTIONNAIRE. Quelle est la première et la plus nécessaire de toutes les connaissances? — Qu'est-ce que la *Religion*? — Comment se divise-t-elle? — Que devons-nous croire? — Qu'est Dieu? — Que voit-il, que sait-il, que connaît-il? — Que nous fera-t-il après notre mort? — Que comprend la *morale*?

Nos devoirs envers Dieu sont l'*amour*, le *respect*, la *crainte*, l'*obéissance*.

Nous devons aimer Dieu, parce qu'il est très bon, qu'il nous a créés et qu'il veut notre bonheur.

Nous devons le respecter, parce qu'il est très saint et très parfait.

Nous devons le craindre, parce qu'il est tout-puissant.

« La crainte de Dieu est le commencement de la sagesse. »

Nous devons lui obéir, parce qu'il est notre père et qu'il ne nous commande rien qui ne soit bon, juste, nécessaire.

Outre ces devoirs, nous devons le prier, lui exposer nos besoins et le remercier chaque jour de ses bienfaits.

L'ensemble de nos devoirs envers Dieu prend le nom général de *piété*.

« La piété, dit saint Paul, est utile à toutes choses : elle a les promesses de la vie présente aussi bien que celle de la vie à venir. »

QUESTIONNAIRE. Quels sont nos devoirs envers Dieu ? — Pourquoi devons-nous aimer Dieu ? — Pourquoi devons-nous le respecter ? — Pourquoi devons-nous le craindre ? — Quel est le commencement de la sagesse ? — Pourquoi devons-nous lui obéir ? — Quels sont nos autres devoirs envers Dieu ? — Quel nom prend l'ensemble de nos devoirs envers Dieu ? — Citez les paroles de saint Paul relatives à la piété.

Notre prochain, ce sont nos parents, nos semblables, tous les hommes.

Nous devons à nos parents l'*amour*, le *respect*, l'*obéissance*.

Nous devons les assister dans leur vieillesse et les soulager dans leurs infirmités.

« Honorez votre père et votre mère, dit le Seigneur ; car cela est juste. »

Nous devons aimer nos semblables, parce que Dieu les a créés, et qu'ainsi nous sommes tous frères.

Nous devons être à leur égard bons, justes, charitables, bienveillants.

Nous devons être pleins de déférence envers les vieillards ; obéir à nos supérieurs ; ne pas abandonner les malheureux ; faire, enfin, pour les autres, ce que nous voudrions qu'ils nous fissent.

« Ne rendez à personne le mal pour le mal : ne vous vengez pas vous-mêmes, mes bien-aimés. »

QUESTIONNAIRE. Qu'est-ce que *notre prochain* ? — Quels sont nos devoirs envers nos parents ? — Que leur devons-nous dans leur vieillesse et dans leurs infirmités ? — Que nous recommande le Seigneur à leur égard ? — Pourquoi devons-nous aimer nos semblables ? — Que devons-nous être à leur égard ? — Quels sont nos devoirs envers les vieillards ? — Envers nos supérieurs ? — Envers les malheureux ? — Enfin, que faut-il faire pour les autres ? — Est-il permis de se venger ?

Si nous avons des devoirs envers Dieu et envers notre prochain, nous en avons aussi envers nous-mêmes.

Nous devons prendre soin de notre *âme*, de notre *corps*, de nos *biens*, de notre *réputation*.

Nous prendrons soin de notre âme en nous appliquant à ce qui est bon, à ce qui est juste, à ce qui est honnête.

Nous prendrons soin de notre corps par la propreté, la sobriété, la tempérance.

Nous prendrons soin de nos biens par l'ordre, le travail, l'économie.

Enfin, nous conserverons notre réputation, en rendant à chacun ce que nous lui devons, en ne faisant de mal à personne, en étudiant soigneusement ce qui se rapporte à notre profession, et en devenant chaque jour plus capables, plus habiles, plus instruits.

Aimer Dieu de tout notre cœur et notre prochain comme nous-mêmes : c'est le sommaire de tous nos devoirs.

QUESTIONNAIRE. Nos devoirs envers Dieu et envers notre prochain sont-ils les seuls que nous ayons à remplir? — Quels sont nos devoirs envers nous-mêmes? — Comment prendrons-nous soin de notre âme? — Comment prendrons-nous soin de notre corps? — Comment prendrons-nous soin de nos biens? — Enfin, comment conserverons-nous notre réputation? — Quel est le sommaire de tous nos devoirs?

DE L'UNIVERS.

L'*Univers* est l'ensemble de tout ce que Dieu a créé.

C'est un espace immense dans lequel sont disséminés une multitude de corps appelés *astres*.

Les *astres* ou *corps célestes* se divisent en trois classes : les *étoiles fixes*, les *planètes* et les *comètes*.

Les *étoiles fixes* sont ainsi nommées parce qu'elles ne changent pas ou ne paraissent pas changer de place les unes par rapport aux autres.

Le *soleil* est une de ces étoiles. C'est la plus rapprochée de nous.

Les *planètes* ou *corps errants* sont ainsi appelées parce qu'elles tournent autour du soleil, qui leur envoie sa lumière et sa chaleur.

La *terre* est une de ces planètes.

Les *comètes* ou *astres chevelus* tournent autour du soleil en décrivant des ellipses ou ovales très allongées.

Elles sont ordinairement accompagnées d'une *queue* ou *traînée lumineuse*.

QUESTIONNAIRE. Qu'est-ce que l'*Univers*? — Comment se divisent les corps célestes? — Qu'est-ce que les *étoiles fixes*? — Nommez l'étoile fixe la plus rapprochée de nous. — Qu'est-ce que les *planètes*? — Nommez la planète qui nous est le mieux connue. — Qu'ont de particulier les *comètes*?

Outre ces trois sortes de corps célestes, on distingue encore les *satellites*.

Les *satellites* sont des corps qui accompagnent certaines planètes et qui tournent, en même temps, autour d'elles.

La terre a un satellite, qui est la *lune*.

Les planètes, ainsi que leurs satellites, n'ont pas de lumière par elles-mêmes. Elles reçoivent et renvoient la lumière du soleil.

Le soleil se lève le matin et se couche le soir, de sorte qu'il semble faire le tour de la terre. Mais ce n'est là qu'une apparence.

C'est la terre qui, en tournant sur elle-même, présente au soleil les différentes parties de sa surface, et produit le lever et le coucher du soleil.

On a reconnu, cependant, par le retour successif des taches qui se trouvent sur le soleil, que cet astre n'est pas entièrement immobile, mais qu'il fait un tour sur lui-même en vingt-cinq jours et demi.

La distance du soleil à la terre est de **150** millions de kilomètres.

QUESTIONNAIRE. De quoi sont ordinairement accompagnées les comètes? — Quels corps célestes destingue-t-on, outre ceux dont nous venons de parler? — Qu'est-ce que les *satellites*? — Quel est le satellite de la terre? — Les planètes sont-elles lumineuses par elles-mêmes? — Le soleil est-il immobile? — Quelle est sa distance de la terre?

Il est quatorze cent mille fois plus gros que la terre.

C'est à cause de son éloignement qu'il nous paraît si petit.

Comme nous venons de le dire, il semble tourner autour de la terre pour en éclairer les différentes parties.

Mais, en réalité, il ne change pas de place.

C'est la terre, avons-nous ajouté, qui, en tournant sur elle-même, présente au soleil les différentes parties de sa surface.

Or, on appelle *jour* le temps que la terre met à présenter au soleil ses différentes parties, c'est-à-dire à faire un tour complet sur elle-même.

Ce tour de la terre sur elle-même est le *mouvement de rotation* ou *diurne*.

Dans un sens restreint, le *jour* est le temps qui s'écoule entre le lever et le coucher du soleil.

Dans ce sens, il est opposé au mot *nuit*. Mais le jour et la nuit qui vient après, ne comptent que pour un jour.

QUESTIONNAIRE. Combien de fois le soleil est-il plus gros que la terre? — D'où vient donc qu'il nous paraît si petit? — Le soleil tourne-t-il autour de la terre? — D'où viennent donc le jour et la nuit? — Qu'appelle-t-on *jour*? — Ce mot n'a-t-il pas une autre signification? — Qu'est-ce que la *nuit*? — Qu'est-ce que le *mouvement diurne* de la terre?

Le jour se divise en deux parties : le *matin* et le *soir*.

Le matin commence tout de suite après minuit; le soir, tout de suite après midi.

Minuit signifie *milieu de la nuit*, et *midi*, *milieu du jour*.

Quelque temps avant le lever du soleil, il commence à faire jour : c'est l'*aurore*.

Quelque temps après le coucher du soleil, il fait encore jour : c'est le *crépuscule*.

Sept jours font *une semaine*.

Le premier jour de la semaine s'appelle *dimanche*; le second, *lundi*; le troisième, *mardi*; le quatrième, *mercredi*; le cinquième, *jeudi*; le sixième, *vendredi*; le septième, *samedi*.

Après le samedi, le dimanche revient, et une autre semaine commence.

Le jour se divise en *vingt-quatre heures*; l'heure, en *soixante minutes*; la minute, en *soixante secondes*.

QUESTIONNAIRE. Quelles sont les deux parties du jour? — Quand commence le matin? — Quand commence le soir? — Quelle est la signification des mots *minuit* et *midi*? — Qu'est-ce que l'*aurore*? — Qu'est-ce que le *crépuscule*? — Combien y a-t-il de jours dans la semaine? — Quel est le premier jour de la semaine? — le second? — le troisième? — le quatrième? — le cinquième? — le sixième? — le septième? — Combien y a-t-il d'heures dans un jour? — Combien de minutes dans une heure? — Combien de secondes dans une minute?

Tout en tournant sur elle-même, la terre tourne autour du soleil.

On appelle *année* le temps que la terre met à accomplir son mouvement autour du soleil.

L'année se compose de *douze mois*.

Le premier mois de l'année se nomme *janvier*; le second, *février*; le troisième, *mars*; le quatrième, *avril*; le cinquième, *mai*; le sixième, *juin*; le septième, *juillet*; le huitième, *août*; le neuvième, *septembre*; le dixième, *octobre*; le onzième, *novembre*; le douzième, *décembre*.

Janvier a *trente et un* jours; février, *vingt-huit* et *vingt-neuf* une fois tous les quatre ans; mars, *trente et un*; avril, *trente*; mai, *trente et un*; juin, *trente*; juillet, *trente et un*; août, *trente et un*; septembre, *trente*; octobre, *trente et un*; novembre, *trente*; décembre, *trente et un*.

Cent années forment *un siècle*.

Il y a soixante siècles environ que le monde a été créé.

QUESTIONNAIRE. La terre tourne-t-elle seulement sur elle-même? — Qu'appelle-t-on *année*? — De combien de mois se compose l'année? — Quel est le premier mois de l'année? — le second? — le troisième? — le quatrième? — le cinquième? — le sixième? — le septième? — le huitième? — le neuvième? — le dixième? — le onzième? — le douzième? — Tous les mois ont-ils le même nombre de jours? — Dites le nombre de jours de chaque mois. — Qu'est-ce qu'un *siècle*? — Combien y a-t-il de siècles que le monde a été créé?

Les différentes positions de la terre pendant son mouvement annuel sont la cause de la diversité des saisons.

Il y a quatre saisons dans l'année : le *printemps*, l'*été*, l'*automne* et l'*hiver*.

Le printemps commence vers la fin du mois de mars.

Dans cette saison, la verdure renaît, les fleurs reparaissent; il ne fait ni trop chaud, ni trop froid.

L'été commence vers la fin du mois de juin.

En été, il fait très chaud; on cueille les premiers fruits; on fait partout la moisson.

L'automne commence vers la fin du mois de septembre.

Dans cette saison, on récolte les pommes et les poires; on cueille les raisins, ce qui s'appelle *vendanger*.

L'hiver commence vers la fin du mois de décembre.

Pendant l'hiver, il fait froid, il pleut souvent; il tombe parfois de la neige.

QUESTIONNAIRE. Quelle est la cause de la diversité des saisons? — Combien y a-t-il de saisons dans l'année? — Quand commence le printemps? — Qu'est-ce qui le caractérise? — Quand commence l'été? — Quel temps fait-il dans cette saison? Quand commence l'automne? — Que fait-on en automne? — Quand commence l'hiver? — Qu'a cette saison de particulier?

Pendant le printemps et l'été, les jours sont plus longs que les nuits.

Pendant l'automne et l'hiver, les nuits sont plus longues que les jours.

Les jours les plus longs sont ceux du mois de juin. Les plus courts sont ceux du mois de décembre.

C'est le contraire pour les nuits.

Les plus courtes sont celles du mois de juin; les plus longues, celles du mois de décembre.

L'époque de l'année où le jour est le plus long (22 juin), et celle où il est le plus court (22 décembre) se nomment les *solstices*.

Il y a le *solstice d'été* et le *solstice d'hiver*.

Les jours sont égaux aux nuits au commencement du printemps (21 mars) et au commencement de l'automne (23 septembre).

Ces deux époques de l'année s'appellent les *équinoxes*.

Il y a l'*équinoxe de printemps* et l'*équinoxe d'automne*.

QUESTIONNAIRE. Quand les jours sont-ils plus longs que les nuits? — Quand les nuits sont-elles plus longues que les jours? — Quels sont les jours les plus longs? — les plus courts? — Quelles sont les nuits les plus courtes? — les plus longues? — Qu'est-ce que les *solstices*? — A quelles époques de l'année les jours sont-ils égaux aux nuits? — Qu'est-ce que les *équinoxes*?

La lune tourne autour de la terre en 27 jours et 8 heures; mais, comme pendant ce temps celle-ci a marché autour du soleil, il faut encore à la lune 2 jours et 4 heures pour se retrouver dans la même position par rapport au soleil et à la terre et reproduire les mêmes aspects.

Les différents aspects sous lesquels nous l'apercevons se nomment les *phases de la lune*.

Lorsqu'elle est placée entre le soleil et la terre, elle nous cache sa partie éclairée. C'est alors la *nouvelle lune*.

Lorsqu'elle nous apparaît sous la forme d'un demi-cercle, c'est le *premier quartier*.

Lorsqu'elle tourne vers nous toute sa partie éclairée, et qu'elle nous paraît ronde, c'est la *pleine lune*.

Enfin, lorsqu'après nous avoir montré toute sa face éclairée, elle ne se présente plus que sous la forme d'un demi-cercle, c'est le *dernier quartier*.

La lune est 49 fois plus petite que la terre. Sa distance moyenne est de 381 mille kilomètres.

QUESTIONNAIRE. Combien de temps met la lune pour tourner autour de la terre? — Qu'appelle-t-on *phases de la lune*? — Qu'est-ce que la *nouvelle lune*? — Qu'est-ce que le *premier quartier*? — Qu'est-ce que la *pleine lune*? — Qu'est-ce que le *dernier quartier*? — Combien la lune est-elle de fois plus petite que la terre? — Quelle est sa distance moyenne?

Il y a *éclipse* d'un astre lorsque cet astre cesse de paraître à notre vue à un moment où il est ordinairement visible.

Il y a *éclipse de soleil* lorsque la lune se trouvant placée directement entre cet astre et la terre, nous empêche de l'apercevoir.

Il y a *éclipse de lune* lorsque la terre se trouvant placée directement entre le soleil et la lune, empêche cette dernière d'être éclairée par le soleil et la couvre de son ombre.

Les éclipses sont *totales* ou *partielles*.

Elles sont *totales* lorsque le soleil ou la lune sont éclipsées entièrement.

Elles sont *partielles* lorsqu'ils ne le sont qu'en partie.

Les éclipses de soleil sont quelquefois *annulaires*.

Lorsque l'éclipse est *annulaire*, le soleil apparaît tout autour de la lune sous la forme d'un anneau.

Les savants calculent d'avance le moment précis d'une éclipse.

QUESTIONNAIRE. Quand y a-t-il *éclipse*? — Quand y a-t-il *éclipse de soleil*? — Quand y a-t-il *éclipse de lune*? — Que peuvent être les éclipses? — Quand sont-elles *totales*? — Quand sont-elles *partielles*? — Que sont encore quelquefois les éclipses de soleil? — Comment nous apparaît le soleil dans une éclipse annulaire?

Phénomènes atmosphériques.

La terre est entourée d'une couche d'air de 70 à 80 kilomètres d'épaisseur.

Cette couche d'air se nomme l'*atmosphère*.

On appelle *phénomènes atmosphériques* tout ce qui se passe dans l'atmosphère.

Les principaux phénomènes atmosphériques sont le *vent*, qui, selon sa force ou ses effets, prend le nom de *zéphyr*, *brise*, *bourrasque*, *tempête*, *ouragan;* les *nuages*, les *brouillards*, la *pluie*, la *neige*, la *rosée*, la *gelée blanche*, la *grêle*, le *grésil*, le *tonnerre* et les *éclairs*.

Le *vent* est l'air en mouvement.

Il est occasionné par les changements de température qui surviennent dans l'atmosphère.

Les *nuages* proviennent de l'évaporation des eaux qui couvrent une grande partie de la surface de la terre.

Cette évaporation, due à la chaleur du soleil, produit la *vapeur d'eau*, qui s'élève dans l'air, s'y condense et y forme les nuages.

QUESTIONNAIRE. Par quoi est entourée la terre? — Comment se nomme la couche d'air qui entoure la terre? — Qu'appelle-t-on *phénomènes atmosphériques?* — Quels sont les principaux phénomènes atmosphériques? — Qu'est-ce que le *vent?* — Par quoi est-il occasionné? — D'où proviennent les *nuages?* — Que produit l'évaporation?

Lorsque les nuages touchent le sol, on les appelle des *brouillards*.

La *pluie* vient des nuages. La *neige est de la pluie gelée*.

La *rosée* est formée par la vapeur qui se trouve dans l'air et qui se dépose, en petites gouttes d'eau, sur la terre et sur les plantes au lever du soleil.

Lorsqu'il fait froid, elle gèle et elle devient la *gelée blanche*.

La *grêle* est de la pluie changée en glace par suite d'un refroidissement subit de l'atmosphère.

Le *grésil* tient le milieu entre la neige et la grêle.

Le *tonnerre* est le bruit éclatant qui accompagne la foudre.

On appelle *éclairs* la lumière vive et brillante produite par l'électricité qui se développe dans l'atmosphère dans un temps d'orage ou de grande chaleur.

Les éclairs précèdent ordinairement le tonnerre.

QUESTIONNAIRE. Qu'est-ce que les *brouillards*? — D'où vient la *pluie*. — Qu'est-ce que la *neige*? — Qu'est-ce que la *rosée*? — Qu'est-ce que la *gelée blanche*? — Qu'est-ce que la *grêle*? — Qu'appelle-t-on *grésil*? — Qu'est-ce que le *tonnerre*? — Par quoi sont produits les *éclairs*?

LES TROIS RÈGNES DE LA NATURE.

Tous les êtres et les objets que Dieu a créés sur la terre se divisent en trois classes : les *animaux*, les *végétaux* et les *minéraux*.

Ces trois classes forment ce qu'on appelle les *trois règnes de la nature*.

Les *animaux* sont des êtres qui naissent, vivent et meurent; et qui, en outre, ont la faculté de se mouvoir, de changer de place.

Les *végétaux*, c'est-à-dire les arbres, les plantes, naissent, vivent et meurent; mais ils ne peuvent se mouvoir, quitter le sol où ils sont nés et où ils prennent la nourriture.

Les *minéraux*, c'est-à-dire le fer, le plomb, les pierres, le sel, le charbon, etc., ne naissent ni ne meurent et n'ont pas besoin, pour exister, de prendre de la nourriture.

Les deux premiers règnes sont quelquefois réunis en un seul sous le nom de *règne organique*.

Le règne minéral prend alors le nom de *règne inorganique*.

QUESTIONNAIRE. Comment se divisent les êtres et les objets que Dieu a créés? — Comment se nomment ces trois classes? — Qu'est-ce que les *animaux*? — Qu'est-ce que les *végétaux*? — Qu'est-ce que les *minéraux*? — Nommez quelques animaux. — Citez quelques végétaux. — Nommez quelques minéraux. — Par quel nom désigne-t-on quelquefois les deux premiers règnes? — Le règne minéral?

LES ANIMAUX.

Parmi les animaux, on distingue les *animaux domestiques* et les *animaux sauvages*.

Les *animaux domestiques* sont ceux qui nous aident ou qui servent à notre nourriture.

Ce sont le *cheval*, le *mulet*, l'*âne*, le *bœuf*, la *vache*, la *chèvre*, le *mouton*, la *brebis*, le *cochon*, le *lapin*, le *chien*, le *chat*, le *dindon*, l'*oie*, le *canard*, la *poule*, le *pigeon*, etc.

Le cheval, le mulet, l'âne, le bœuf et la vache portent des fardeaux, traînent nos voitures, labourent nos champs.

Le bœuf, la vache, la chèvre, le mouton, la brebis, le cochon, le lapin nous donnent leur chair. La vache, la chèvre et la brebis nous donnent, en outre, leur lait. Le mouton et la brebis nous offrent leur laine.

Les oiseaux de basse-cour nous donnent leur chair, leurs œufs, leurs petits et leurs plumes.

Le chien garde nos maisons. Le chat mange les souris.

QUESTIONNAIRE. Qu'est-ce que les *animaux domestiques*? — Quels sont les plus répandus de ces animaux? — Quels sont ceux qui portent des fardeaux, traînent nos voitures, labourent nos champs? — Que nous donnent le bœuf, la vache, la chèvre, le mouton, la brebis, le cochon, le lapin? — Quels sont ceux qui nous donnent du lait? — Quels sont ceux qui nous donnent de la laine? — Que nous donnent les oiseaux de basse-cour? — Quelle est l'utilité du chien et du chat?

Les *animaux sauvages* vivent dans les bois, les forêts.

Les plus redoutables sont : le *lion*, qu'on a surnommé le roi des animaux, le *tigre*, le *léopard*, la *panthère*, le *chacal*, la *hyène*, le *jaguar*, le *lynx*, l'*ours*, le *loup* et le *sanglier*.

Il y a encore parmi les animaux sauvages : le *cerf*, la *biche*, le *renard*, l'*écureuil*, le *hérisson*, le *porc-épic*, la *marmotte*, le *lièvre*, la *fouine*, la *belette*, et beaucoup d'autres.

Il y en a d'une taille énorme : l'*éléphant*, qu'on a réduit à la domesticité ; le *rhinocéros*, qui a une corne pointue sur le nez ; l'*hippopotame*, qui vit sur les bords des fleuves et qui peut rester fort longtemps sous l'eau.

Il faut citer aussi parmi les animaux de grande taille : le *chameau* et le *dromadaire*, dont l'un a deux bosses et l'autre une seule, et qui, dans les pays chauds, sont des animaux domestiques ; et la *girafe*, qu'on reconnaît à son long cou, à ses jambes de devant plus longues que celles de derrière, à son poil jaune tacheté de brun.

QUESTIONNAIRE. Où vivent les *animaux sauvages*? — Quels sont les plus redoutables de ces animaux? — Citez d'autres animaux sauvages. — Quels sont les animaux les plus grands? — Qu'a de particulier l'hippopotame? — Quelle différence y a-t-il entre le chameau et le dromadaire? — A quoi reconnaît-on la girafe?

Les animaux prennent différents noms, suivant leur conformation ou leur manière de vivre.

Les *quadrupèdes* ont quatre pieds ou quatre pattes, comme le cheval, l'âne, le chien, le chat.

Les *bipèdes* n'ont que deux pieds ou deux pattes, comme l'homme et les oiseaux.

Les *mammifères* ont des mamelles pour nourrir leurs petits. Les vaches, les brebis, les lapins, les baleines sont des mammifères.

Les *amphibies* peuvent vivre dans l'eau et sur la terre, tels sont la grenouille, la tortue, le castor.

Les *reptiles* comprennent non-seulement les animaux qui rampent, qui se traînent sur la terre, comme les serpents; mais encore les tortues, les lézards.

Les animaux *carnassiers* se nourrissent de chair, de viande. Le chien, le chat, le tigre, le lion sont des animaux carnassiers.

Les animaux *herbivores* se nourrissent d'herbe, de feuilles, de plantes. Le cheval, le bœuf, le mouton sont des animaux herbivores.

QUESTIONNAIRE. D'où viennent les différents noms donnés aux animaux? — Qu'est-ce que les *quadrupèdes?* — Qu'est-ce que les *bipèdes?* — Qu'appelle-t-on *mammifères?* — Qu'entend-on par animaux *amphibies?* — Qu'est-ce que les *reptiles?* — Qu'est-ce qu'un animal *carnassier?* — Qu'est-ce qu'un *herbivore?*

Les *ovipares* sont ceux qui font des œufs, comme les oiseaux, les serpents, les poissons.

Les *vivipares* sont ceux qui mettent au monde leurs petits tout vivants, comme les lapins, les chiens, les chats.

Les *rongeurs* rongent le bois, comme le rat, le lièvre, la marmotte, le lapin.

Les *ruminants* sont ceux qui mâchent leurs aliments une seconde fois. Le chameau, la girafe, le bœuf, la chèvre, la brebis sont des animaux ruminants.

Les *insectes* ont le corps formé de plusieurs anneaux. Le hanneton, la sauterelle, les mouches, les fourmis sont des insectes.

Les *mollusques* ont le corps mou et sont ordinairement recouverts d'une coquille, comme le limaçon, l'escargot, l'huître, la moule.

Les *zoophytes* ressemblent à des plantes : l'oursin, le corail, le madrépore, les éponges.

Les *infusoires* sont des animaux tellement petits qu'on ne peut les apercevoir à la vue simple. Une goutte d'eau en renferme un grand nombre.

QUESTIONNAIRE. Qu'appelle-t-on animaux *ovipares?* — Qu'est-ce que les *vivipares?* — Qu'est-ce que les *rongeurs?* — Qu'ont de particulier les *ruminants?* — Quelle est la conformation des *insectes?* — Quelle est celle des *mollusques?* — A quoi ressemblent les *zoophytes?* — Que savez-vous sur les *infusoires?*

Cris des animaux.

L'âne *brait*.

Le cheval *hennit*.

Le bœuf et la vache *beuglent* ou *mugissent*.

Le chien *aboie* ou *jappe*.

Le chat *miaule*.

La brebis et le mouton *bêlent*.

Le cochon *grogne*.

La poule *glousse* ou *caquette*.

La tourterelle *gémit*, le pigeon *roucoule*.

L'hirondelle *gazouille*, le pinson *ramage*, le merle *siffle*.

La grenouille *coasse*, le corbeau *croasse*.

L'abeille et la mouche *bourdonnent*.

La pie et le perroquet *causent, parlent*.

L'ours *gronde*.

Le renard *glapit*, le cerf *brame*.

Le lion, le tigre, la panthère *rugissent*.

Le loup *hurle*.

Le singe, le lièvre, le lapin *crient*.

Presque tous les oiseaux *chantent*.

QUESTIONNAIRE. Quel est le cri de l'âne? — du cheval? — du bœuf et de la vache? — du chien? — du chat? — de la brebis et du mouton? — du cochon? — de la poule? — de la tourterelle et du pigeon? — de l'hirondelle? — du pinson? — du merle? — de la grenouille et du corbeau? — de la mouche et de l'abeille? — de la pie et du perroquet? — de l'ours? — du renard? — du cerf? — du lion, du tigre, de la panthère? — du loup? — du singe, du lièvre, du lapin? — de presque tous les oiseaux?

LES VÉGÉTAUX.

Les *arbres* sont les végétaux de haute taille.

Le peuplier, le noyer, le chêne, le bouleau, le poirier, le pommier, etc., sont des arbres.

Les *arbrisseaux* sont les végétaux d'une taille inférieure à celle des arbres.

Le noisetier, l'aubépine, le houx, l'osier, le lilas, la vigne sont des arbrisseaux.

Les *arbustes* sont les végétaux d'une taille inférieure à celle des arbrisseaux.

Le genêt, la ronce, le groseillier, le jasmin, le chèvre-feuille sont des arbustes.

La partie la plus forte d'un végétal s'appelle la *tige*.

Dans les arbres, les arbrisseaux et les arbustes, elle est *ligneuse*, c'est-à-dire de la nature du bois.

Dans les autres végétaux, tels que l'asperge, le blé, la pomme de terre, elle est *herbacée* ou de la nature de l'herbe.

Dans les arbres, la tige se nomme le *tronc*.

QUESTIONNAIRE. Qu'est-ce qu'un *arbre?* — Nommez quelques arbres. — Qu'est-ce qu'un *arbrisseau?* — Citez quelques arbrisseaux. — Qu'est-ce qu'un *arbuste?* — Faites connaître quelques arbustes. — Qu'est-ce que la *tige* d'un végétal? — De quelle nature est la tige dans les arbres, les arbrisseaux, etc.? — De quelle nature est-elle dans les autres végétaux? — Comment se nomme la tige d'un arbre?

Un arbre se compose de trois parties principales : les *racines*, le *tronc* et les *branches*.

Les *racines* sont la partie de l'arbre recouverte de terre,

C'est par elles que l'arbre puise dans le sol sa nourriture.

Le *tronc* est comme le corps de l'arbre.

Les *branches* sont la partie supérieure de l'arbre.

Elles portent des *rameaux* ou petites branches auxquelles les *feuilles* sont attachées.

Les feuilles pompent dans l'air une partie de la nourriture de l'arbre.

On divise les arbres en arbres *forestiers*, c'est-à-dire des forêts, et en arbres *fruitiers*, c'est-à-dire qui produisent des fruits.

Les *fruits* peuvent être divisés en trois classes: ceux à *noyau*, comme la *pêche*, l'*abricot*, la *prune*, la *cerise;* ceux à *pepins*, comme la *poire*, la *pomme*, le *raisin*, la *groseille;* et ceux à *coquille* ou à *coque épineuse*, comme la *noix*, la *noisette*, l'*amande* et la *châtaigne*.

QUESTIONNAIRE. Quelles sont les trois parties principales d'un arbre? — Qu'est-ce que les *racines*? — Qu'est-ce que le *tronc*? — Qu'est-ce que les *branches*? — Que portent les branches? — Que portent les *rameaux*? — Comment divise-t-on les arbres? — Comment les *fruits* peuvent-ils être divisés? — Citez des fruits à *noyau*, — à *pepins*, — à *coquille*.

LES MINÉRAUX.

Les minéraux se présentent sous trois aspects différents : à l'état *solide*, à l'état *liquide*, à l'état *gazeux*.

Ils comprennent les *pierres*, les *métaux*, les *combustibles* et les *gaz*.

Les *pierres* sont des minéraux solides et incombustibles.

Parmi les pierres, on distingue le *grès*, qui sert au pavage des rues ; le *marbre*, dont on fait des statues, des pendules, des cheminées ; les *pierres meulières*, dont on fait des meules de moulin.

On distingue encore la *pierre à plâtre*, la *pierre à chaux*, les *moëllons*, les *pierres de taille*, qui servent à la construction des maisons ; les *pierres lithographiques*, etc.

Enfin, on range parmi les pierres, le *sable*, dont on fait le verre ; l'*argile*, dont on fait la faïence, la porcelaine ; le *sel*, qui sert à l'assaisonnement de nos aliments.

QUESTIONNAIRE. Sous quels aspects se présentent les minéraux ? — Que comprennent-ils ? — Qu'est-ce que les *pierres* ? — Que distingue-t-on parmi les pierres ? — A quoi servent le *grès* ? — le *marbre* ? — les *pierres meulières* ? — Que distingue-t-on encore parmi les pierres ? — Qu'y range-t-on enfin ? — A quoi sert le *sable* ? — l'*argile* ? — le *sel* ?

Les *métaux* sont des corps pesants, ayant un certain éclat et susceptibles d'un beau poli.

Les plus employés sont : le *fer*, le *cuivre*, le *plomb*, l'*étain*, le *zinc*, l'*argent*, l'*or* et le *platine*.

Le *fer* est gris. Il est le plus répandu et le plus utile des métaux.

Le *cuivre* est rougeâtre, très brillant lorsqu'il est poli, et très sonore. La rouille du cuivre est le *vert-de-gris*, poison très violent.

Le *plomb* est d'un gris bleuâtre. Il est mou, très flexible et se fond facilement.

L'*étain* est blanc, moins mou que le plomb, et se fond également à une faible chaleur.

Le *zinc* est d'un gris bleuâtre. Il est plus dur que l'étain et que le plomb, et se fond plus difficilement que ces deux métaux.

L'*argent* est très blanc, très brillant et très sonore.

L'*or* est un métal d'un jaune foncé. Il est aussi très brillant et très sonore.

Le *platine* est d'un blanc bleuâtre. Il est le plus pesant de tous les métaux.

QUESTIONNAIRE. Qu'est-ce que les *métaux*? — Quels sont les métaux les plus employés? — Quelle est la couleur du *fer*? — Quelle est celle du *cuivre*? — Qu'est-ce qui distingue le *plomb*? — En quoi l'*étain* diffère-t-il du plomb? — Que savez-vous sur le *zinc*? — Par quoi se distingue l'*argent*? — Qu'est-ce que l'*or*? — Qu'est-ce que le *platine*?

Avec la *fonte de fer*, on fait des marmites, des plaques de cheminée, des poêles, etc.

Avec le *fer proprement dit*, c'est-à-dire soumis à l'action du marteau, on fait des instruments d'agriculture, des machines, des clous, etc.

Avec l'*acier*, combinaison de fer et de charbon, on fait des instruments tranchants, comme les couteaux, les ciseaux, etc.

Le *cuivre* sert à faire des ustensiles de ménage, des chaudières, des pièces de monnaie.

Le *plomb* s'emploie principalement pour les tuyaux de conduite et les balles de fusil.

Avec l'*étain*, on fait des plats, des assiettes, des cuillers; il sert à l'étamage du cuivre.

Le *zinc* s'emploie surtout pour la couverture des maisons. On en fait aussi des baignoires.

Avec l'*argent*, on fait des pièces de monnaie, des couverts, de la vaisselle, des bijoux.

L'*or* s'emploie pour les bijoux, les objets de luxe et les pièces de monnaie.

Le *platine* sert à faire des creusets, des pointes de paratonnerre, etc.

QUESTIONNAIRE. Que fait-on avec la fonte de fer? — avec le fer proprement dit? — Qu'est-ce que l'acier et qu'en fait-on? — A quoi sert le cuivre? — A quoi emploie-t-on principalement le plomb? — Que fait-on avec l'étain? — A quoi s'emploie le zinc? — Que fait-on avec l'argent? — Quel est l'emploi de l'or? — A quoi sert le platine?

On appelle *alliage* le mélange, par la fusion, de plusieurs métaux.

On obtient principalement par l'alliage le *bronze* et le *laiton*.

Le *bronze* est un mélange ou alliage de cuivre et d'étain. On en fait des canons, des cloches, des statues, etc.

Le *laiton* ou *cuivre jaune* est un mélange de cuivre et de zinc. On en fait des instruments de musique et de mathématiques, des boutons de porte, des robinets, etc.

Le *fer-blanc* est du fer ordinaire mis en feuilles et recouvert d'une couche d'étain qui le rend propre à un grand nombre d'usages domestiques et qui le garantit de la rouille pendant un certain temps.

Outre les métaux que nous avons nommés, on distingue encore le *mercure* ou *vif-argent*.

Le *mercure* est d'un blanc éclatant, très pesant, et liquide à la température ordinaire. On l'emploie à l'étamage des glaces et à la construction des thermomètres et des baromètres.

QUESTIONNAIRE. Qu'appelle-t-on *alliage?* — Qu'obtient-on principalement par l'alliage? — Qu'est-ce que le *bronze?* — A quoi l'emploie-t-on? — Qu'est-ce que le *laiton* ou *cuivre jaune?* — A quoi l'emploie-t-on? — Qu'est-ce que le *fer-blanc?* — Quelle est l'utilité de la couche d'étain qui recouvre le fer-blanc? — Quel métal distingue-t-on encore et à quoi l'emploie-t-on?

Les *combustibles* sont des minéraux qui brûlent, et qui, en brûlant, dégagent de la lumière et de la chaleur.

Les principaux combustibles sont : la *houille* ou *charbon de terre*, l'*anthracite*, le *lignite*, la *tourbe*, le *bitume* et le *soufre*.

Les quatre premiers sont le produit de végétaux accumulés pendant des siècles dans le sein de la terre.

L'*anthracite* est moins grasse que la *houille* et brûle plus difficilement; le *lignite* est plus léger; la *tourbe* provient, non de végétaux ligneux, mais de plantes herbacées et d'herbes marécageuses.

Le *bitume* est tantôt solide, tantôt visqueux ou liquide.

A l'état solide, il prend le nom d'*asphalte;* à l'état liquide, il forme le *pétrole*, qui, depuis quelque temps, est employé pour l'éclairage.

Le *soufre*, que tout le monde connaît, a divers emplois dans l'industrie et sert principalement à la fabrication des allumettes.

QUESTIONNAIRE. Qu'est-ce que les *combustibles?* — Quels sont les principaux combustibles? — D'où proviennent la *houille*, l'*anthracite*, le *lignite* et la *tourbe?* — Quelles différences présentent ces quatre combustibles? — Comment s'offre le *bitume?* — Quel nom prend-il à l'état solide? — à l'état liquide? — A quoi sert principalement le *soufre?*

Les *gaz* sont des minéraux dont les parties ou molécules sont tellement éparses qu'elles échappent au toucher.

Les principaux gaz sont : l'*oxigène*, l'*hydrogène*, l'*azote* et l'*acide carbonique*.

L'*oxigène* a la propriété de rallumer une allumette dont on vient d'éteindre la flamme. Il est le principal agent de la combustion.

L'*hydrogène* prend feu au contact d'un corps enflammé. On l'emploie pour l'éclairage. Comme il est plus léger que l'air, on s'en sert pour remplir les ballons.

L'*eau* est un composé de deux parties d'hydrogène et d'une partie d'oxigène.

L'*azote* entre, avec l'oxigène, dans la composition de l'air atmosphérique, qui contient quatre parties d'azote et une d'oxigène.

L'*acide carbonique* est une combinaison d'oxigène et de *carbone* (charbon pur).

Il est, ainsi que l'azote pur, impropre à la respiration de l'homme et des animaux. Il entre, mais pour une très faible partie, dans la composition de l'air qui nous environne.

QUESTIONNAIRE. Qu'est-ce que les *gaz*? — Quels sont les principaux gaz? — Quelle est la propriété de l'*oxigène*? — Quelle est celle de l'*hydrogène*? — Quelle est la composition de l'*eau*? — Quelle est celle de l'air atmosphérique? — Qu'est-ce que l'*acide carbonique*?

LE CORPS HUMAIN.

Notre corps se compose de trois parties principales : la *tête*, le *tronc* et les *membres*.

La *tête* est la partie supérieure du corps.

Elle comprend la *face* ou le *visage*, et le *crâne*, qui est la partie recouverte de *cheveux*.

La face comprend le *front*, les *sourcils*, les *yeux*, le *nez*, les *joues*, la *bouche*, le *menton* et les *oreilles*.

Le *cou* unit la tête au tronc.

La partie antérieure du tronc se compose de la *poitrine*, de l'*estomac* et du *ventre* ou *abdomen*.

La partie postérieure contient le *dos* et les *reins*.

Les membres supérieurs comprennent l'*épaule*, le *bras*, le *coude*, l'*avant-bras*, le *poignet* et la *main*. Ils sont unis au tronc par l'épaule.

Les membres inférieurs comprennent la *hanche*, la *cuisse*, le *genou*, la *jambe*, la *cheville* et le *pied*. Ils sont unis au tronc par la hanche.

QUESTIONNAIRE. De combien de parties principales se compose notre corps? — Qu'est-ce que la *tête*? — Que comprend-elle? — Que comprend la *face*? — De quoi se compose la partie antérieure du tronc? — Que contient la partie postérieure? — Que comprennent les membres supérieurs? — Que comprennent les membres inférieurs?

Nous avons *deux mains*.

L'une de nos mains est la *main droite*; l'autre est la *main gauche*.

Chacune de nos mains est terminée par *cinq doigts*.

Ces cinq doigts sont : le *pouce*, l'*index*, le *majeur*, l'*annulaire* et l'*auriculaire*.

Chaque doigt, le pouce excepté, est composé de *trois parties* ou *phalanges*.

Le pouce n'a que deux phalanges.

L'extrémité de chaque doigt est recouverte par un *ongle*.

Nous avons *deux pieds*.

L'un de nos pieds est le *pied droit*; l'autre est le *pied gauche*.

Chacun de nos pieds est terminé par *cinq doigts*.

Le doigt de pied le plus gros se nomme l'*orteil*.

Chaque doigt de pied est aussi recouvert, à l'extrémité, par un *ongle*.

QUESTIONNAIRE. Combien avons-nous de mains? — Montrez votre main droite. — Votre main gauche. — Par quoi sont terminées vos mains? — Nommez les cinq doigts. — De combien de parties se compose chaque doigt? — Combien le pouce a-t-il de *phalanges*? — Par quoi est recouverte l'extrémité de chaque doigt? — Combien avons-nous de pieds? — Par combien de doigts chaque pied est-il terminé? — Qu'est-ce que l'*orteil*?

LES CINQ SENS.

Nous avons cinq sens ou moyens de reconnaître les objets extérieurs : la *vue*, l'*ouïe*, l'*odorat*, le *goût* et le *toucher*.

Les *yeux* sont les organes de la vue.

Les *oreilles* sont les organes de l'ouïe.

Le *nez* est l'organe de l'odorat.

La *langue* et le *palais* sont les organes du goût.

Toutes les parties du corps, mais surtout les *mains* et l'extrémité des *doigts*, sont les organes du toucher.

Par la vue, nous reconnaissons la forme, la couleur, la situation des objets.

Par l'ouïe, nous entendons ceux qui nous parlent, nous jouissons des charmes de la musique.

Par l'odorat, nous reconnaissons les fleurs à leur parfum, les mets à leur odeur.

Par le goût, nous savourons nos aliments.

Par le toucher, nous reconnaissons la forme, l'étendue, les différentes parties des objets.

QUESTIONNAIRE. Combien avons-nous de sens? — Quels sont les organes de la vue? — de l'ouïe? — de l'odorat? — du goût? — du toucher? — Que reconnaissons-nous par la vue? — A quoi nous sert l'ouïe? — Que pouvons-nous reconnaître par l'odorat? — Quelle est l'utilité du goût? — Que reconnaissons-nous au toucher?

L'AME.

Dieu nous a donné un *corps*.

Mais il nous a aussi donné une *âme*.

Notre âme est la partie la plus importante de nous-mêmes.

C'est notre âme qui *pense, réfléchit, imagine, compare, juge, se souvient*.

C'est elle qui a l'*intelligence*, la *volonté*, le *sentiment religieux*.

Pour nous diriger dans toutes nos actions, Dieu a placé dans notre âme la *conscience*.

La *conscience* est cette voix intérieure qui nous approuve quand nous faisons le bien, et qui nous blâme quand nous faisons le mal.

Ecoutons-la dans toutes les circonstances de notre vie, pour faire l'un et nous détourner de l'autre.

Notre âme est *immortelle*, c'est-à-dire qu'elle ne meurt pas.

Elle retourne à Dieu, qui la récompense ou la punit, selon le bien ou le mal que nous avons fait.

QUESTIONNAIRE. Qu'est-ce que Dieu nous a donné outre notre corps? — Qu'est-ce que notre *âme*? — Quelles sont ses fonctions? — Quelles sont ses facultés? — Qu'est-ce que la *conscience*? — Que devons-nous faire à son égard? — Notre âme meurt-elle, comme notre corps? — Que devient-elle après notre mort?

La Parenté.

Mon *père* et ma *mère* m'ont donné le jour.

Je suis leur *fils*.

Le père de mon père et le père de ma mère sont mes *grands-pères*.

La mère de mon père et la mère de ma mère sont mes *grand'-mères*.

Je suis leur *petit-fils*.

Les frères de mon père et les frères de ma mère sont mes *oncles*.

Les sœurs de mon père et les sœurs de ma mère sont mes *tantes*.

Je suis leur *neveu*.

Les fils de mes oncles et ceux de mes tantes sont mes *cousins germains*.

Les filles de mes oncles et celles de mes tantes sont mes *cousines germaines*.

Je suis leur *cousin germain*.

Mon *parrain* et ma *marraine* m'ont présenté au baptême.

Je suis leur *filleul*.

QUESTIONNAIRE. Qui vous a donné le jour? — Qu'êtes-vous à votre *père* et à votre *mère*? — Qui est votre *grand-père*? — votre *grand'-mère*? — Que leur êtes-vous? — Qui est votre *oncle*? — votre *tante*? — Que leur êtes-vous? — Qui est votre *cousin germain*? — votre *cousine germaine*? — Que leur êtes-vous? — Qui est votre *parrain*? — votre *marraine*? — Que leur êtes-vous?

LA NOURRITURE. LES VÊTEMENTS. L'HABITATION.

Trois choses sont indispensables à la vie de l'homme : la *nourriture*, les *vêtements*, l'*habitation*.

Le *pain* est la base de sa nourriture.

Il y ajoute la *viande*, les *légumes*, les *fruits*, le *lait*, le *beurre*, le *fromage*, le *sel*, le *poivre*, l'*huile*, le *vinaigre*, le *miel*, le *sucre*, le *thé*, le *café*, le *chocolat*.

Il boit de l'*eau*, du *vin*, du *cidre*, de la *bière*.

Ses vêtements sont faits avec de la *laine*, du *chanvre*, du *lin*, du *coton*, de la *soie*, du *cuir*, de la *peau*, etc.

Son habitation est construite avec des *pierres de taille*, des *moellons*, des *briques*, du *bois*, du *fer*, de la *chaux*, du *plâtre*, etc.

Elle est couverte en *tuiles*, en *ardoises*, en *zinc*, ou en *chaume*.

Il vit *seul* ou en *famille*.

Il habite la *ville* ou la campagne, un *bourg*, un *village* ou un *hameau*.

QUESTIONNAIRE. Quelles sont les choses indispensables à la vie de l'homme? — Quelle est la base de sa nourriture? — Qu'ajoute-t-il au pain? — Que boit-il? — Avec quoi sont faits ses vêtements? — Avec quoi est construite son habitation? — Comment est-elle couverte? — Comment vit-il? — Qu'habite-t-il?

Les vêtements couvrent notre corps et nous garantissent du froid.

Les vêtements d'hommes sont : le *pantalon*, le *gilet*, la *redingote*, l'*habit*, le *paletot*, le *par-dessus*, le *manteau*, le *chapeau*, les *bas*, les *souliers*, les *bottes*, les *bottines*, les *guêtres*.

Ceux de femmes sont : le *jupon*, la *robe*, le *mantelet*, le *châle*, l'*écharpe*, le *fichu*, le *tablier*, le *bonnet*, le *chapeau*, les *bas*, les *souliers*, les *bottines*, les *brodequins*.

Nos vêtements sont faits avec de la *laine*, de la *soie*, du *coton*, du *chanvre*, du *lin*.

La laine est donnée par les moutons et les brebis.

La soie provient du cocon d'une chenille appelée *ver-à-soie*.

Le coton est fourni par un arbre appelé *cotonnier*, qui croît en Amérique et en Algérie.

Nos chaussures sont faites avec le *cuir* ou la *peau* du bœuf, de la vache, de la chèvre, etc.

Nos chapeaux sont en *soie*, en *feutre*, en *paille*, en étoffe de laine ou de coton.

QUESTIONNAIRE. A quoi servent les vêtements ? — Quels sont les vêtements d'hommes ? — Quels sont ceux de femmes ? — En quoi sont nos vêtements ? — Quels sont les animaux qui nous donnent la laine ? — D'où provient la soie ? — Par quoi est fourni le coton ? — Avec quoi fait-on les chaussures ? — Avec quoi fait-on les chapeaux ?

Une maison se compose ordinairement d'un *sous-sol* ou *cave*, d'un *rez-de-chaussée*, d'un ou de plusieurs *étages* et d'un *grenier*.

Le *sous-sol* ou *cave* est la partie de la maison plus basse que la rue.

Le *rez-de-chaussée* est la partie de la maison de niveau avec la rue ou un peu plus élevée que la rue.

Le *premier* et les *autres étages* sont au-dessus du rez-de-chaussée.

Entre le rez-de-chaussée et le premier étage, il y a quelquefois un étage intermédiaire appelé *entre-sol*.

Au-dessus de l'étage le plus élevé se trouve le *grenier*.

Le sous-sol, le rez-de-chaussée, l'entresol, les divers étages et le grenier communiquent entre eux par des *escaliers*, composés de *marches* ou *degrés*, accompagnés ou non d'une *rampe*.

Le sous-sol se compose du *cellier* ou cave proprement dite, qui renferme le vin, et du *bûcher*, qui contient le bois et le charbon.

QUESTIONNAIRE. De quoi se compose ordinairement une maison? — Qu'entendez-vous par *sous-sol*? — Qu'est-ce que le *rez-de-chaussée*? — Qu'est-ce que le *premier* et les *autres étages*? — Qu'appelle-t-on *entre-sol*? — Qu'est-ce que le *grenier*? — Comment les différentes parties de la maison communiquent-elles entre elles? — De quoi se compose le sous-sol?

Le rez-de-chaussée contient soit un ou plusieurs appartements comprenant *salon, salle à manger, cuisine* et *chambres à coucher,* soit des *magasins* ou des *boutiques.*

Mais c'est au premier et aux autres étages que se trouvent généralement les appartements.

Le grenier, ainsi nommé parce qu'on y serre ordinairement les grains, contient quelquefois de petites chambres appelées *mansardes.*

Dans le cellier, il y a des *tonneaux,* des *brocs,* des *entonnoirs,* des *bouteilles.*

Les principaux meubles du salon sont : un *canapé,* des *fauteuils,* des *chaises,* une *table,* un *guéridon,* une *console,* une *étagère,* une *glace,* une *pendule,* un *piano.*

Dans la salle à manger se trouvent un *buffet,* une *table,* des *chaises.*

La cuisine contient un *fourneau,* une *armoire,* une *fontaine* et tous les *ustensiles* du ménage.

La chambre à coucher possède un *lit,* une *table de nuit,* des *fauteuils,* des *chaises,* une *commode,* une *glace,* une *pendule,* une *armoire à glace,* une *table à ouvrage,* un *nécessaire.*

QUESTIONNAIRE. Que contient le rez-de-chaussée? — Qu'y a-t-il au premier et aux autres étages? — Que remarque-t-on dans le grenier? — Qu'y a-t-il dans le cellier? — Quels sont les meubles du salon? — Qu'y a-t-il dans la salle à manger? — Que contient la cuisine? — Que possède la chambre à coucher?

VILLE. BOURG. VILLAGE. HAMEAU.

Une *ville* est une grande réunion de maisons. On y remarque des *monuments*, des *églises*, etc.

Les différentes parties d'une ville communiquent par des *rues*, qui sont bordées de *trottoirs*.

Il y a des *places publiques*, des *promenades*, des *boulevards*.

Un *boulevard* est une rue plantée d'arbres.

On appelle *carrefour* le point de rencontre de plusieurs rues.

Une *impasse* ou *cul-de-sac* est une rue qui n'a pas d'issue.

Les *passages* sont des allées, ordinairement interdites aux voitures, et qui font communiquer deux rues.

Un *bourg* est une réunion de maisons moins considérable qu'une ville.

Un *village* est une réunion de maisons moins considérable qu'un bourg.

Un *hameau* ne contient qu'un petit nombre de maisons.

QUESTIONNAIRE. Qu'est-ce qu'une *ville*? — Comment communiquent les différents points d'une ville? — Par quoi sont bordées les rues? — Que remarque-t-on dans les villes? — Qu'est-ce qu'un *boulevard*? — Qu'est-ce qu'un *carrefour*? — Qu'est-ce qu'une *impasse*? — un *passage*? — Qu'est-ce qu'un *bourg*? — Qu'est-ce qu'un *village*? — Qu'est-ce qu'un *hameau*?

LA CAMPAGNE.

La campagne plaît généralement. L'air y est pur. Il n'y a pas de bruit. La verdure y repose la vue. On voudrait y passer sa vie.

Dans la campagne, il y a des champs de *blé*, de *seigle*, d'*orge*, d'*avoine*, de *maïs*, de *colza*, de *chanvre*, de *lin*, de *haricots*, de *pois*, de *fèves*, de *lentilles*, de *betteraves*, de *pommes de terre*, etc.

Il y a aussi des champs de *luzerne*, de *trèfle*, de *sainfoin*. Ce sont les *prairies artificielles*.

Les *prairies naturelles*, ou *prés*, produisent toutes sortes d'herbes pour la nourriture des bestiaux.

Il y a aussi des *vignes* ou *vignobles*.

La vigne produit le *raisin*, ce fruit excellent qu'on mange et dont on fait le vin.

Dans la campagne, il y a aussi des *forêts* qui donnent du bois pour se chauffer ou pour construire les maisons.

On appelle *bois* une forêt de peu d'étendue.

QUESTIONNAIRE. Quels sont les avantages de la campagne? — Quels champs y a-t-il? — Qu'appelle-t-on *prairies artificielles?* — Qu'est-ce que les *prairies naturelles?* — Outre les champs et les prairies, que remarque-t-on dans la campagne? — Que produit la *vigne?* — Que donnent les forêts? — Quelle différence y a-t-il entre un *bois* et une *forêt?*

L'ÉCOLE.

L'*école* est le lieu où nous nous instruisons.

Il y a dans l'école l'*instituteur* et les *élèves*.

L'instituteur *enseigne, explique, démontre, reprend, punit, récompense.*

Il est plein d'affection, de dévouement pour ses élèves.

Leurs fautes, leur étourderie le désolent; mais leur application, leurs progrès le réjouissent.

Les élèves *lisent, écrivent, calculent, dessinent, étudient, font leurs devoirs, apprennent leurs leçons* et les *récitent*.

Ils ont des *livres*, des *cahiers*, des *plumes*, des *crayons*, de l'*encre*, une *règle*.

Ils écrivent en *gros*, en *moyen*, en *fin* ou en *expédiée*.

En écrivant, ils regardent attentivement leur *modèle* et s'efforcent de l'*imiter*.

Ils n'oublient ni *lettre*, ni *accent*, ni *apostrophe*, ni *point*, ni *virgule*, ni *cédille*, ni *tréma*.

QUESTIONNAIRE. Qu'est-ce que l'*école?* — Quelles personnes y a-t-il dans l'école? — Que fait l'instituteur? — Quels sont ses sentiments à l'égard de ses élèves? — Qu'est-ce qui le désole? — Qu'est-ce qui le réjouit? — Que font les élèves? — Qu'ont-ils pour leur travail? — Comment écrivent-ils? — Quel soin ont-ils en écrivant? — Que doivent-ils ne pas oublier en copiant?

MON JARDIN.

J'aime beaucoup mon *jardin*. Il est clos de *murs*. Tous les jardins ne sont pas clos de murs.

Les uns sont entourés de *treillages*, les autres de *haies vives*.

Il est divisé en deux parties : l'une réservée aux *fleurs;* l'autre consacrée aux *légumes*.

Cette dernière est mon *potager*.

Les fleurs que j'aime le plus et que je cultive avec soin sont : les *violettes*, les *giroflées*, les *géraniums*, les *roses*, les *tulipes*, les *œillets*, les *marguerites*, les *dahlias*, l'*hortensia*, l'*héliotrope*.

Dans mon potager, il y a des *pois*, des *haricots*, des *navets*, des *choux*, des *laitues*, des *épinards*, des *asperges*, des *melons*, des *oignons*, du *persil*, du *cerfeuil*, des *tomates*, des *carottes*, de la *chicorée*, des *choux-fleurs*, etc.

Il y a des *arbres fruitiers*, les uns en *espalier* sur les murs; les autres dans des *carrés* de légumes.

Il y a aussi des *fraisiers* que je cultive en *pots*, en *planches* et en *bordures*.

QUESTIONNAIRE. Quelle est la clôture ordinaire des jardins? — Quelles sont les plantes bien distinctes cultivées dans les jardins? — Quelles sont les fleurs les plus connues? — Qu'est-ce que le *potager?* — Quelles plantes cultive-t-on ordinairement dans le potager? — Quels sont les végétaux ordinairement cultivés dans les jardins, outre les fleurs et les légumes?

LA FERME.

Une *ferme* est une étendue de terres et de bois d'une certaine importance.

Celui à qui elle appartient en est le *propriétaire*. Celui qui en dirige l'exploitation en est le *fermier*.

Ce dernier paie au propriétaire une redevance annuelle en argent qu'on appelle *fermage*.

Une *métairie* est moins considérable qu'une ferme. Celui qui la fait valoir prend le nom de *métayer*.

Les produits d'une métairie se partagent ordinairement en parties égales entre le propriétaire et le métayer.

Une ferme se compose de *bâtiments d'exploitation*, de *terres labourables*, de *prairies*, d'un *verger*, de *vignes*, de *bois* et d'un *jardin* attenant à l'habitation.

Les bâtiments d'exploitation comprennent l'*habitation du fermier*, l'*étable*, l'*écurie*, la *bergerie*, la *laiterie*, la *basse-cour*, la *grange*, le *cellier*.

QUESTIONNAIRE. Qu'est-ce qu'une *ferme ?* — Qu'est-ce que le *propriétaire* d'une ferme ? — Qu'est-ce que le *fermier ?* — Qu'appelle-t-on *fermage ?* — Qu'est-ce qu'une *métairie ?* — Qu'est-ce le *métayer ?* — Comment se partagent ordinairement les produits d'une métairie ? — De quoi se compose une ferme ? — Que comprennent les bâtiments d'exploitation ?

L'*étable* est le logement des bœufs et des vaches. L'*écurie* est celui des chevaux, des mulets, des ânes. La *bergerie* renferme les chèvres, les moutons, les brebis, les agneaux.

C'est dans la *laiterie* qu'on conserve le lait et qu'on fait le beurre et le fromage.

La *basse-cour* est le lieu où l'on nourrit la volaille. Dans la *grange*, on bat le grain.

Dans le *cellier*, on fait et on renferme le vin et le cidre. On y remarque une *cuve* et un *pressoir*.

Les *terres labourables* sont celles qui produisent le blé, l'orge, le seigle, l'avoine.

Les *prairies* produisent le foin pour la nourriture des bestiaux.

Le *verger* est le terrain réservé pour la culture des arbres fruitiers.

Les *vignes* donnent le raisin dont on fait le vin.

Les *bois* procurent le bois dont on se chauffe pendant l'hiver.

Le *jardin* produit les légumes nécessaires à la consommation du fermier et de sa famille.

QUESTIONNAIRE. Qu'est-ce que l'*étable?* — l'*écurie?* — la *bergerie?* — Que fait-on dans la *laiterie?* — Qu'est-ce que la *basse-cour?* — Que fait-on dans la *grange?* — Qu'est-ce que le *cellier?* — Qu'entendez-vous par terres *labourables?* — Que donnent les *prairies?* — Qu'est-ce que le *verger!* — Que produisent les *vignes?* — les *bois?* — le *jardin?*

Meubles et Immeubles.

Les biens que nous possédons sont des *meubles* ou des *immeubles*.

On désigne sous le nom de *meubles* tout ce qui peut être changé de place.

Les lits, les armoires, les tables, les chaises, les glaces, les pendules sont des meubles.

Les meubles constituent ce qu'on appelle le *mobilier* d'une maison.

On appelle *immeubles* les biens qui ne peuvent être changés de place.

Les champs, les vignes, les bois, les jardins, les maisons sont des immeubles.

Ainsi, les meubles, auxquels il faut ajouter les effets d'habillement, le linge de corps et de table, les ustensiles de ménage, les machines et outils, forment la fortune *mobilière* d'une personne.

Les maisons et les terres forment sa fortune *immobilière*.

Ne confondez pas ces deux mots : *meubles* et *immeubles*.

QUESTIONNAIRE. Comment peuvent être classés les biens que nous possédons ? — Que désigne-t-on sous le nom de *meubles* ? — Faites connaître quelques meubles. — Qu'est-ce que le *mobilier* d'une maison ? — Qu'appelle-t-on *immeubles* ? — Désignez quelques immeubles. — Qu'est-ce que la fortune *mobilière* ? — Qu'est-ce que la fortune *immobilière* ?

LES PROFESSIONS.

Nous sommes tous obligés de travailler.

Les travaux auxquels nous nous livrons constituent notre *art*, notre *métier*, notre *profession*.

Les *arts* sont les travaux auxquels l'esprit a plus de part que le corps.

On appelle *artistes* ceux qui se livrent aux arts, comme les musiciens, les peintres, les sculpteurs, les graveurs.

Les *métiers* sont les travaux auxquels le corps a plus de part que l'esprit.

On appelle *artisans* ceux qui exercent un métier. Les menuisiers, les cordonniers, les charpentiers, les serruriers, les tailleurs, les chapeliers, les maçons, etc., sont des artisans.

Indépendamment des artistes et des artisans, il y a les *cultivateurs*, qui cultivent la terre; les *jardiniers*, qui soignent les jardins.

Il y a aussi les *commerçants*, les *employés*, les *médecins*, les *notaires*, les *avocats*, les *magistrats*, les *professeurs*, etc., etc.

QUESTIONNAIRE. A quoi sommes-nous tous obligés? — Que constituent les travaux auxquels nous nous livrons? — Qu'est-ce que les *arts*? — Qu'appelle-t-on *artistes*? — Qu'est-ce que les *métiers*? — Qu'est-ce que les *artisans*? — Nommez des artisans. — Quelles professions connaissez-vous en dehors des artistes et des artisans?

Les professions qui concourent à procurer à l'homme sa nourriture sont celles de l'*agriculteur*, qui s'occupe de la culture de la terre et de ses divers produits; du *meunier*, qui convertit le grain en farine; du *boulanger*, qui change la farine en pain; du *boucher*, qui vend la viande; de l'*épicier*, qui vend le sel, le sucre, le beurre, le fromage; du *brasseur*, qui fait la bière, etc.

Celles qui lui procurent ses vêtements sont celles du *tisserand*, qui fait la toile, le drap, les étoffes; du *tailleur*, qui taille et coud ses habits; du *chapelier*, qui fait ses chapeaux; du *cordonnier*, qui fait ses souliers, sa chaussure.

Les professions qui lui procurent une habitation sont celles du *maçon*, qui construit les murs; du *charpentier*, qui fait et pose la charpente; du *couvreur*, qui place les tuiles, l'ardoise, le zinc; du *menuisier*, qui fait les portes, les fenêtres; du *serrurier*, qui fait les serrures; du *vitrier*, qui pose les vitres; du *peintre*, qui fait les peintures et colle les papiers.

QUESTIONNAIRE. Que fait l'*agriculteur?* — le *meunier?* — le *boulanger?* — le *boucher?* — l'*épicier?* — le *brasseur?* — le *tisserand?* — le *tailleur?* — le *chapelier?* — le *cordonnier?* — le *maçon?* — le *charpentier?* — le *couvreur?* — le *menuisier?* — le *serrurier?* — le *vitrier?* — le *peintre?* — Parmi ces professions, désignez celles qui procurent à l'homme sa nourriture, — ses vêtements, — son habitation.

OUVRIERS QUI TRAVAILLENT LA TERRE.

L'*agriculteur* est celui qui cultive ou fait cultiver la terre.

Le *cultivateur* travaille la terre avec la bêche, la pioche, la houe.

Le *laboureur* la travaille à l'aide de la charrue, de la herse, du rouleau.

La charrue, la herse, le rouleau sont traînés par des bœufs, des vaches, des chevaux ou des mulets.

Les *vignerons* cultivent la vigne.

Les *vendangeurs* cueillent le raisin.

Les *moissonneurs* coupent le blé, le lient en gerbes, le mettent en meules.

Les *faucheurs* coupent le foin.

L'*horticulteur* est celui qui cultive ou fait cultiver les jardins, et qui en vend les produits.

Le *jardinier* cultive seulement les jardins.

Il y a la même différence entre le jardinier et l'horticulteur qu'entre le cultivateur et l'agriculteur.

QUESTIONNAIRE. Qu'est-ce que l'*agriculteur?* — Qu'est-ce que le *cultivateur?* — Qu'est-ce que le *laboureur?* — Avec quoi sont traînés la charrue, la herse, le rouleau? — Qu'appelle-t-on *vendangeurs?* — Que font les *moissonneurs?* — Que font les *faucheurs?* — De quoi s'occupent les *vignerons?* — Qu'appelez-vous *horticulteur?* — Qu'est-ce que le *jardinier?* — Quelle différence y a-t-il entre le jardinier et l'horticulteur?

OUVRIERS QUI TRAVAILLENT LE BOIS.

Les ouvriers qui travaillent le bois sont : le *charpentier*, le *menuisier*, l'*ébéniste*, le *charron*, le *carrossier*, le *tonnelier*, le *tourneur* et le *vannier*.

Le *charpentier* fait tous les ouvrages en gros bois qui entrent dans la construction d'une maison, d'un pont, d'un navire.

Le *menuisier* fait les portes, les croisées, les parquets.

L'*ébéniste* fait les meubles.

Le *charron* est l'ouvrier qui fait des charrettes, des chariots, des tombereaux, des charrues.

Le *carrossier* fait les voitures, les carrosses.

Le *tourneur* travaille le bois au moyen d'une machine appelée *tour*, qui le façonne en rond.

Le *vannier* travaille l'osier. Il en fait des paniers, des corbeilles, des mues ou cages à poulets, etc., etc.

Le *tonnelier* fait les tonneaux, les cuviers.

On appelle *douves* les pièces de bois reliées entre elles qui forment le tonneau.

QUESTIONNAIRE. Quels sont les ouvriers qui travaillent le bois ? — Que fait le *charpentier* ? — le *menuisier* ? — l'*ébéniste* ? — le *charron* ? — le *carrossier* ? — Que fait le *tourneur* ? — Que travaille le *vannier* ? — Qu'en fait-il ? — Que fait le *tonnelier* ? — Qu'appelle-t-on *douves* ?

OUVRIERS QUI TRAVAILLENT LES MÉTAUX.

Les ouvriers qui travaillent les métaux sont : le *forgeron*, le *maréchal*, le *serrurier*, le *coutelier*, le *taillandier*, le *chaudronnier*, le *ferblantier*, le *fondeur*, l'*orfévre*, le *bijoutier*, l'*horloger*, etc.

Le *forgeron* travaille à la forge. Il façonne le fer à l'aide du marteau.

Le *maréchal* fait les fers des chevaux et les pose.

Le *serrurier* fait des serrures, des clefs, etc.

Le *coutelier* fait des couteaux, des ciseaux, etc.

Le *taillandier* fait des socs de charrue, des bêches, des pioches, des haches, etc.

Le *chaudronnier* fait des chaudrons, des casseroles, divers ustensiles de cuisine.

Le *ferblantier* travaille le fer-blanc. Il en fait des seaux, des arrosoirs, etc.

Le *fondeur* fond les métaux.

L'*orfévre* travaille l'argent et l'or.

Le *bijoutier* en fait des bijoux.

L'*horloger* fait des montres, des pendules.

QUESTIONNAIRE. Quels sont les ouvriers qui travaillent les métaux? — Que fait le *forgeron?* — le *maréchal?* — le *serrurier?* — le *coutelier?* — De quoi s'occupe le *taillandier?* — Que fait le *chaudronnier?* — le *ferblantier?* — le *fondeur?* — Quels sont les métaux que travaille l'*orfévre?* — Qu'en fait le *bijoutier?* — Que fait l'*horloger?*

LES VOIES DE COMMUNICATION.

Les voies de communication sont les *routes*, les *chemins de fer*, les *fleuves*, les *rivières*, les *canaux* et la *mer*.

Sur terre, on voyage *à pied, à cheval, en voiture* ou *en wagon*.

Sur eau, on voyage *en radeau, sur une barque*, on prend les *bâtiments à voiles* ou les *bateaux à vapeur*.

On a cherché jusqu'à présent, mais en vain, à voyager *en ballon*.

On s'écrit *par la poste* ou *par le télégraphe*.

Les lettres mises à la poste sont transportées par des voitures, des chemins de fer ou des bateaux d'une localité à une autre.

A leur arrivée, elles sont prises par les *facteurs* et remises par eux à leurs *destinataires*.

Le télégraphe transmet les dépêches au moyen de *courants électriques* qui suivent des fils de fer et aboutissent à des appareils spéciaux, placés aux points de départ et d'arrivée.

QUESTIONNAIRE. Quelles sont les voies de communication? — Comment voyage-t-on sur terre? — sur eau? — A-t-on réussi à diriger les ballons? — Par quel moyen s'écrit-on? — Que deviennent les lettres mises à la poste? — Par qui sont-elles remises à leurs destinataires? — Comment le télégraphe transmet-il les dépêches?

LES CHEMINS DE FER.

Un *chemin de fer* est une chaussée plus ou moins large sur laquelle sont fixées une ou plusieurs couples de bandes de fer nommées *rails*.

Chacune de ces couples forme une *voie*.

On appelle *wagons* les voitures qui se meuvent sur les voies.

Un certain nombre de wagons placés à la suite les uns des autres forment un *convoi* ou *train*.

Chaque convoi est traîné par une *locomotive* ou voiture à vapeur.

Le *tender* est le wagon chargé de charbon qui suit la locomotive.

Il y a des *trains de voyageurs* et des *trains de marchandises*. Pour ces derniers trains, il y a la *grande* et la *petite vitesse*.

Les *trains omnibus* s'arrêtent à toutes les stations et ont des wagons de 1re, de 2e et de 3e classe. Les *trains express* ne s'arrêtent pas à toutes les stations et n'ont que des wagons de 1re classe.

Un *tunnel* est une voûte souterraine percée pour le passage des trains.

QUESTIONNAIRE. Qu'est-ce qu'un *chemin de fer* ? — Qu'appelle-t-on *rails* ? — Qu'est-ce qu'une *voie* ? — Qu'appelle-t-on *wagons* ? — Qu'est-ce qu'un *convoi* ou *train* ? — Qu'est-ce qu'une *locomotive* ? — Qu'est-ce que le *tender* ? — Combien y a-t-il de sortes de trains ? — Qu'est-ce qu'un *train omnibus* ? — un *train express* ? — Qu'est-ce qu'un *tunnel* ?

LES LIVRES.

Un livre se compose de grandes feuilles de papier imprimées, pliées ou non pliées.

S'il se compose de feuilles non pliées, il est dans le format *in-plano*.

Si les feuilles sont pliées en deux, il forme un *in-folio*.

Si elles sont pliées en quatre, un *in-quarto;* en huit, un *in-octavo;* en douze, un *in-douze;* en seize, un *in-seize;* en dix-huit, un *in-dix-huit;* en vingt-quatre, un *in-vingt-quatre;* en trente-deux, un *in-trente-deux;* en quarante-huit, un *in-quarante-huit;* en soixante-quatre, un *in-soixante-quatre*.

Un *feuillet* se compose de deux pages.

La première est le *recto;* la seconde, le *verso*.

Un livre est *en feuilles*, lorsqu'il n'est ni plié, ni cousu; il est *broché* si les feuilles sont pliées, cousues et réunies par une couverture en papier; il est *relié*, s'il est cousu, rogné et revêtu d'une couverture solide.

QUESTIONNAIRE. De quoi se compose un livre? — Qu'est-ce qu'un *in-plano?* — *in-folio?* — un *in-quarto?* — un *in-octavo?* — un *in-douze?* — un *in-seize?* — un *in-dix-huit?* — un *in-vingt-quatre?* — un *in-trente-deux?* — un *in-quarante-huit?* un *in-soixante-quatre?* — De combien de pages se compose un *feuillet?* — Qu'est-ce que le *recto?* — le *verso?* — Quand un livre est-il *en feuilles?* — *broché?* — *relié?*

Supérieur et Inférieur. Intérieur et Extérieur. Interne et Externe.

Supérieur signifie *plus élevé, placé au-dessus, dans le haut.*

Inférieur signifie *moins élevé, placé au-dessous, dans le bas.*

Il y a dans un meuble, dans une maison, dans le corps humain les parties *supérieures* et les parties *inférieures*. Il y a dans une école les classes *supérieures* et les classes *inférieures*.

Intérieur signifie *au dedans*.

Extérieur signifie *au dehors*.

On dit l'*intérieur* et l'*extérieur* d'une maison, d'une ville, d'un pays, etc. Quand on dit d'une personne qu'elle a l'*extérieur* agréable, on parle de son visage, de la forme de son corps.

Interne signifie à l'*intérieur* : une douleur *interne*, c'est-à-dire qu'on éprouve au dedans.

Externe signifie à l'*extérieur* : maladie *externe*, c'est-à-dire au dehors.

QUESTIONNAIRE. Que signifie *supérieur?* — Que signifie *inférieur?* — Quelle est la partie supérieure d'une armoire, d'une maison, du corps humain? — Quelles en sont les parties inférieures? — Qu'est-ce que les classes supérieures dans une école? — Qu'est-ce que les classes inférieures? — Que signifie *intérieur?* — Que signifie *extérieur?* — Que remarque-t-on dans l'intérieur d'une maison, d'une ville? — Que signifie *interne?* — Que signifie *externe?*

Antérieur et Postérieur. Prédécesseur et Successeur.

Antérieur signifie *qui est devant, en avant*. Le visage est la partie *antérieure* de la tête.

Il signifie aussi *qui est arrivé avant*. La fondation de Rome est *antérieure* à la naissance de Jésus-Christ.

Postérieur signifie *qui est derrière*. La partie *postérieure* de la tête est recouverte de cheveux.

Il signifie aussi *qui est arrivé après*, qui *est venu après*. Le règne de Henri IV est *postérieur* à celui de François Ier.

Prédécesseur se dit de celui qui a exercé un emploi ou qui a été revêtu d'une dignité avant un autre. Il est souvent utile de marcher sur les traces de ses *prédécesseurs*.

Successeur se dit de celui qui en remplace un autre dans une charge, dans un emploi. L'empereur Charlemagne n'eut que de faibles *successeurs*.

QUESTIONNAIRE. Que signifie le mot *antérieur?* — Donnez un exemple où ce mot soit employé. — Que signifie-t-il encore? — Donnez un exemple où il figure dans cette seconde acception. — Que signifie *postérieur?* — Employez-le dans une phrase. — Que signifie-t-il encore? — Faites une phrase où il figure dans ce sens. — Que signifie *prédécesseur?* — Employez ce mot dans une phrase. — Que signifie *successeur?* — Donnez une phrase où ce mot soit employé.

FABLE. CONTE. HISTOIRE.

Ne confondez pas ces trois mots.

Une *fable* est un récit dans lequel on raconte ce qu'on sait bien n'être jamais arrivé et n'avoir jamais pu arriver, et dans lequel on fait parler non-seulement les hommes, mais encore les animaux, les plantes et toutes sortes d'objets.

Vous connaissez *le Laboureur et ses Enfants, le Corbeau et le Renard, le Chêne et le Roseau, le Pot de terre et le Pot de fer.*

La Fontaine et Florian ont écrit des fables charmantes.

Un *conte* est un récit de faits qui ne sont pas arrivés, mais qui auraient pu arriver; excepté toutefois les *Contes de Fées* et un certain nombre d'autres, dans lesquels le merveilleux le dispute au fantastique.

On a écrit beaucoup de contes pour l'instruction ou l'amusement des hommes et des enfants.

Une *histoire* est un récit de faits ou d'événements qui ont eu lieu exactement de la manière dont on les raconte.

QUESTIONNAIRE. Quels sont les trois mots qu'on vous recommande ici de ne pas confondre? — Qu'est-ce qu'une *fable?* — Quelles fables connaissez-vous déjà? — Qu'est-ce qu'un *conte?* — Dans quel but a-t-on écrit des contes? — Qu'est-ce qu'une *histoire?* — Quelle histoire étudie-t-on en premier lieu?

HISTOIRE. GÉOGRAPHIE. CHRONOLOGIE.

L'*histoire* raconte les événements qui ont eu lieu sur la terre depuis que le monde existe.

La *géographie* fait connaître les pays où se sont accomplis les événements.

La *chronologie* indique les années où les événements ont eu lieu.

On appelle *ère* le point de départ pour compter les années.

Il y a deux ères principales : *l'ère de la création du monde* et *l'ère chrétienne*.

Si l'on compte les années à partir de la création du monde, on suit l'ère de la création.

Si on les compte à partir de la naissance de notre Seigneur Jésus-Christ, on suit l'ère chrétienne.

L'ère chrétienne est aussi appelée *ère vulgaire*, parce qu'elle est la plus employée.

Selon l'opinion commune, la création du monde a eu lieu 4004 avant la naissance de Jésus-Christ.

QUESTIONNAIRE. Qu'est-ce que l'*histoire*? — Que fait connaître la *géographie*? — Que nous apprend la *chronologie*? — Qu'appelle-t-on *ère*? — Combien y a-t-il d'ères principales? — Quelle ère suit-on si on compte les années à partir de la création du monde? — Si on les compte à partir de la naissance de Jésus-Christ? — Quel nom donne-t-on encore à l'ère chrétienne? — A quelle époque a eu lieu la création du monde?

HISTOIRE.

L'*Histoire* est le récit des événements remarquables qui se sont accomplis sur la terre depuis la création du monde.

Elle est dite *générale* ou *universelle* lorsqu'elle embrasse tous les temps et tous les lieux.

Elle est dite *particulière* lorsqu'elle s'occupe d'un seul pays, d'une seule nation.

L'*histoire universelle* se divise en quatre parties : l'*histoire ancienne*, l'*histoire du moyen âge*, l'*histoire moderne* et l'*histoire contemporaine*.

L'*histoire ancienne* s'occupe des premiers peuples qui ont occupé la terre. Elle comprend l'*histoire sainte* et l'*histoire romaine*.

L'*histoire du moyen âge* vient ensuite. Elle commence à la chute de l'empire romain et finit vers l'an **1453**, époque de la prise de Constantinople par les Turcs.

L'*histoire moderne* continue celle du moyen âge et s'arrête à l'année **1789**.

L'*histoire contemporaine* est l'histoire de notre temps. Elle commence en **1789**.

QUESTIONNAIRE. Qu'est-ce que l'*histoire*? — Quand est-elle *générale* ou *universelle*? — Quand est-elle *particulière*? — Comment se divise l'histoire universelle? — De quoi s'occupe l'*histoire ancienne*? — Quand commence et finit l'*histoire du moyen âge*? — Qu'est-ce que l'*histoire moderne*? — Qu'est-ce que l'*histoire contemporaine*?

HISTOIRE DE FRANCE.

L'*Histoire de France* nous apprend ce qui s'est passé de remarquable dans le pays que nous habitons.

La France s'appelait autrefois la Gaule, et ses habitants, les Gaulois.

Vers l'an 51 avant Jésus-Christ, elle fut soumise aux Romains qui la conservèrent environ 500 ans.

Les Francs, peuples venus du nord de l'Allemagne, s'en emparèrent et lui donnèrent le nom qu'elle porte aujourd'hui.

Les premiers rois qui ont gouverné la France sont Pharamond, Clodion, Mérovée, Childéric et Clovis.

Quatre familles ou dynasties de souverains ont occupé le trône : les Mérovingiens, les Carlovingiens, les Capétiens et les Napoléoniens.

Les Mérovingiens ont fourni 21 rois ; les Carlovingiens, 13 ; les Capétiens, 37. Le souverain actuel, comme le fondateur de sa dynastie, porte le titre d'*empereur*.

QUESTIONNAIRE. Que nous apprend l'Histoire de France ? — Comment la France s'appelait-elle autrefois ? — A qui fut-elle soumise environ 500 ans ? — Quels sont les peuples qui s'en emparèrent et lui donnèrent leur nom ? — Quels sont les premiers rois qui ont gouverné la France ? — Combien de familles de souverains ont occupé le trône de France ?

Les Mérovingiens tirent leur nom de Mérovée.

Le roi le plus remarquable de cette race est Clovis, qui doit être considéré comme le véritable fondateur de la monarchie française.

Les Carlovingiens tirent leur nom de Charlemagne.

Les rois les plus remarquables de cette race sont Pépin le Bref et son fils Charlemagne.

Ce dernier, qui régnait vers l'an 800, fut un grand conquérant.

Il réunit à la France la plus grande partie de l'Italie, de l'Espagne et de l'Allemagne.

Les Capétiens tirent leur nom de Hugues-Capet.

Les rois les plus remarquables de cette race sont : Hugues-Capet, Philippe-Auguste, saint Louis, Charles V, Louis XI, Louis XII, François Ier, Henri IV et Louis XIV.

La dynastie napoléonienne a été fondée par Napoléon Ier, qui fut proclamé empereur le 18 mai 1804.

QUESTIONNAIRE. D'où les Mérovingiens tirent-ils leur nom? — Quel est le roi le plus remarquable de cette race? — D'où les Carlovingiens tirent-ils leur nom? — Quels sont les rois les plus remarquables de cette race? — Que savez-vous sur Charlemagne? — D'où les Capétiens tirent-ils leur nom? — Quels sont les rois les plus remarquables de cette race? — Par qui la dynastie actuelle a-t-elle été fondée?

ARITHMÉTIQUE (1).

L'*Arithmétique* est la science des nombres et du calcul.

Un *nombre* est la réunion de plusieurs unités : *six francs, douze mètres* sont des nombres.

On appelle *unité* une des choses que l'on compte. Si l'on compte des francs, le *franc* est l'unité ; si l'on compte des mètres, le *mètre* est l'unité.

NUMÉRATION.

La *numération* enseigne à former les nombres, à les écrire et à les lire quand ils sont écrits.

On forme les nombres en ajoutant l'unité à elle-même, ou *un* à *un*, ce qui donne *deux* ; puis un à deux, ce qui donne *trois* ; puis un à trois, ce qui donne *quatre*, et ainsi de suite jusqu'à l'infini.

Les noms des premiers nombres sont : *un, deux, trois, quatre, cinq, six, sept, huit et neuf*.

Si à neuf on ajoute un, on a *dix* ou *une dizaine*.

QUESTIONNAIRE. Qu'est-ce que l'*arithmétique* ? — Qu'est-ce qu'un *nombre* ? — Qu'appelle-t-on *unité* ? — Comment forme-t-on les nombres ? — Quels sont les noms des premiers nombres ? — Qu'obtient-on en ajoutant un à neuf ?

(1) Voir, pour le développement et l'application des notions très succinctes que nous donnons ici, notre *Petite Arithmétique pratique et raisonnée*.

Une dizaine et une dizaine font deux dizaines ou *vingt*.

Trois dizaines font *trente*.

Quatre dizaines font *quarante*.

Cinq dizaines font *cinquante*.

Six dizaines font *soixante*.

Sept dizaines font *soixante-dix*.

Huit dizaines font *quatre-vingts*.

Neuf dizaines font *quatre-vingt-dix*.

Dix dizaines font *cent* ou *une centaine*.

Pour exprimer les nombres compris entre deux dizaines, on ajoute ordinairement, après la première de ces deux dizaines, les noms des neuf premiers nombres.

Ainsi, pour compter de vingt à trente, on dit : *vingt-un, vingt-deux, vingt-trois, vingt-quatre, vingt-cinq, vingt-six, vingt-sept, vingt-huit, vingt-neuf, trente*.

Cependant, au lieu de dire *dix-un, dix-deux, dix-trois, dix-quatre, dix-cinq, dix-six*, on dit : *onze, douze, treize, quatorze, quinze* et *seize*.

QUESTIONNAIRE. Combien font une dizaine et une dizaine ? — Combien font trois dizaines ? — quatre dizaines ? — cinq dizaines ? — six dizaines ? — sept dizaines ? — huit dizaines ? — neuf dizaines ? — Qu'est-ce qu'*une centaine* ? — Comment exprime-t-on les nombres compris entre deux dizaines ? — Donnez-en un exemple. — Dit-on *dix-un, dix-deux, dix-trois, dix-quatre, dix-cinq, dix-six* ?

Pour exprimer les nombres compris entre soixante et quatre-vingts, et entre quatre-vingts et cent, on ajoute après soixante et après quatre-vingts, les noms des dix-neuf premiers nombres.

On dit donc : *soixante-un, soixante-deux, soixante-trois, soixante-quatre, soixante-cinq, soixante-six, soixante-sept, soixante-huit, soixante-neuf, soixante-dix, soixante-onze, soixante-douze, soixante-treize, soixante-quatorze, soixante-quinze, soixante-seize, soixante-dix-sept, soixante-dix-huit, soixante-dix-neuf, quatre-vingts, quatre-vingt-un, quatre-vingt-deux, quatre-vingt-trois, quatre-vingt-quatre, quatre-vingt-cinq, quatre-vingt-six, quatre-vingt-sept, quatre-vingt-huit, quatre-vingt-neuf, quatre-vingt-dix, quatre-vingt-onze, quatre-vingt-douze, quatre-vingt-treize, quatre-vingt-quatorze, quatre-vingt-quinze, quatre-vingt-seize, quatre-vingt-dix-sept, quatre-vingt-dix-huit, quatre-vingt-dix-neuf* et *cent*.

Pour exprimer les centaines, on dit : *cent, deux cents, trois cents, quatre cents, cinq cents, six cents, sept cents, huit cents, neuf cents*.

QUESTIONNAIRE. Comment exprime-t-on les nombres compris entre soixante et quatre-vingts, et entre quatre-vingts et cent ? — Comptez de soixante à quatre-vingts ? — Comptez de quatre-vingts à cent. — Comptez de un à cent. — Comment exprime-t-on les centaines ?

— 66 —

La collection de dix centaines s'appelle *mille*.

Pour compter d'une centaine à l'autre, on ajoute après la première de ces centaines, les noms des quatre-vingt-dix-neuf premiers nombres.

On dit donc: *cent un, cent deux, cent trois,* etc.; *deux cent un, deux cent deux, deux cent trois,* etc.

On compte les mille comme on a compté les unités, et l'on dit: *mille, deux mille, trois mille,* etc.; *dix mille, vingt mille, trente mille,* etc.; *cent mille, deux cent mille, trois cent mille,* etc.

Pour compter d'un mille à l'autre on ajoute, après le premier de ces mille, les noms des neuf cent quatre-vingt-dix-neuf premiers nombres.

Mille mille font *un million*, et *mille millions* font *un billion* ou *milliard*.

Notre numération est appelée *décimale*, parce qu'elle a pour base le nombre *dix*.

En effet, dix unités font une dizaine; dix dizaines, font une centaine; dix centaines font un mille; dix mille font une dizaine de mille; dix dizaines de mille font une centaine de mille; dix centaines de mille font un million, etc.

QUESTIONNAIRE. Que forme la collection de dix centaines? — Comment compte-t-on d'une centaine à l'autre? — Montrez-le par un exemple. — Comment compte-t-on les mille? — Comment compte-t-on d'un mille à l'autre? — Que font mille mille? — Que font mille millions? — Pourquoi notre numération est-elle appelée *décimale*?

On écrit les nombres au moyen de caractères appelés *chiffres*.

Pour écrire les nombres, on emploie les chiffres suivants : 1, 2, 3, 4, 5, 6, 7, 8, 9 et 0.

Les unités s'écrivent avec les neuf premiers chiffres.

Les dizaines s'écrivent avec les mêmes chiffres suivis d'un zéro, comme suit :

10, 20, 30, 40, 50, 60, 70, 80, 90.

Les centaines s'écrivent aussi avec les mêmes chiffres, mais suivis de deux zéros :

100, 200, 300, 400, 500, 600, 700, 800, 900.

Si un nombre renferme des dizaines et des unités, ou des centaines, des dizaines et des unités, on n'emploie pas de zéros.

Ainsi *quarante-huit, soixante-sept, deux cent cinquante-neuf*, qui renferment quatre dizaines et huit unités, six dizaines et sept unités, deux centaines, cinq dizaines et neuf unités, s'écrivent : 48, 67, 259.

Mais *trois cent cinq* et *quatre cent trente*, manquant l'un de dizaines et l'autre d'unités, s'écrivent : 305, 430.

QUESTIONNAIRE. Avec quoi écrit-on les nombres? — Quels chiffres emploie-t-on pour écrire les nombres? — Comment s'écrivent les unités? — Comment s'écrivent les dizaines? — Comment s'écrivent les centaines? — Comment écrit-on un nombre contenant des centaines, des dizaines et des unités?

Les mille, qui ont aussi des dizaines et des centaines, s'écrivent comme les unités simples, et se placent à gauche de ces unités.

Les millions s'écrivent comme les mille, et se placent à gauche des mille.

Les billions s'écrivent comme les millions, et se placent à gauche des millions.

Pour écrire un nombre renfermant diverses classes d'unités, *on écrit successivement chaque classe comme si elle était seule, en commençant par la plus élevée et en ayant soin de remplacer par des zéros les unités, les dizaines et les centaines qui manquent.*

Si une classe intermédiaire manque tout à fait, on la remplace par trois zéros.

Ainsi *trois billions six cent onze millions quatre cent trente-cinq mille huit cent seize unités, dix-huit billions quarante-sept millions soixante mille trois cent soixante unités, vingt-cinq millions quatre cent douze unités, six millions six mille six unités,* s'écrivent : **3 611 435 816, 18 047 060 360, 25 000 412, 6 006 006.**

QUESTIONNAIRE. Comment s'écrivent les mille ? — Comment s'écrivent les millions ? — Comment s'écrivent les billions ? — Comment écrit-on un nombre renfermant diverses classes d'unités ? — Que fait-on lorsqu'une classe intermédiaire manque tout à fait ? — Montrez cela par des exemples.

LE CALCUL.

Le *calcul* est l'art de compter.

Il y a quatre opérations de calcul : l'*addition*, la *soustraction*, la *multiplication* et la *division*.

L'*addition* consiste à réunir plusieurs nombres en un seul.

Quand je dis : *deux* et *trois* font *cinq*, *cinq* et *quatre* font *neuf*, *neuf* et *six* font *quinze*, je fais une addition.

La *soustraction* a pour but de retrancher un nombre d'un autre.

Quand je dis : *cinq* ôtés de *huit* reste *trois*, je fais une soustraction.

Par la *multiplication*, on répète un même nombre plusieurs fois.

Si l'on cherche combien font *trois* fois *quatre*, ou *cinq* fois *six*, on fait une multiplication.

Dans la *division*, on se propose de partager un nombre en plusieurs parties égales.

Par exemple, si l'on partage *vingt-quatre* francs entre *trois* personnes, on fait une division.

QUESTIONNAIRE. Qu'est-ce que le *calcul?* — Combien y a-t-il d'opérations de calcul? — Qu'est-ce que l'*addition?* — Donnez un exemple d'une addition. — Qu'est-ce que la *soustraction?* — Faites une soustraction. — Que fait-on par la *multiplication?* — Expliquez cela par un exemple. — Qu'est-ce que la *division?* — Donnez un exemple d'une division.

Les Fractions.

On appelle *fraction* toute quantité plus petite que l'unité.

Il y a deux sortes de fractions : les *fractions ordinaires* et les *fractions décimales*.

Si on divise l'unité en deux parties égales, on obtient des *demies* ou des *moitiés*.

Si on la divise en trois parties égales, on a des *tiers*.

Si on la divise en quatre, on a des *quarts*.

En la divisant en cinq, on a des *cinquièmes;* en six, des *sixièmes;* en sept, des *septièmes;* en huit, des *huitièmes;* en neuf, des *neuvièmes;* en dix, des *dixièmes*, etc., etc.

Le *dixième*, qui est dix fois plus petit que l'unité; le *centième*, qui est dix fois plus petit que le dixième; le *millième*, qui est dix fois plus petit que le centième, sont appelés des *fractions décimales*, c'est-à-dire de dix en dix fois plus petites.

Les autres fractions sont des *fractions ordinaires*.

QUESTIONNAIRE. Qu'appelle-t-on *fraction?* — Combien y a-t-il de sortes de fractions? — Qu'obtient-on si l'on divise l'unité en deux parties égales? — Et si on la divise en trois? — en quatre? — en cinq? — en six? — en sept? — en huit? — en neuf? — en dix? — Nommez des fractions décimales. — Nommez des fractions ordinaires.

GRAMMAIRE.

La *Grammaire* est l'art de parler et d'écrire correctement.

Parler, c'est exprimer sa pensée au moyen de la voix; *écrire*, c'est exprimer sa pensée au moyen des lettres ou caractères qui, seuls ou combinés, représentent les sons de la voix.

Correctement signifie *sans faire de fautes*.

Il y a deux sortes de lettres : les *voyelles* et les *consonnes*.

Les voyelles sont : *a, e, i, o, u* et *y*.

Les consonnes sont : *b, c, d, f, g, h, j, k, l, m, n, p, q, r, s, t, v, x* et *z*.

On appelle *syllabe* une lettre seule, ou plusieurs lettres réunies, se prononçant par une seule émission de voix, comme *a, to, cou, faim*, etc.

Un mot est une ou plusieurs syllabes qui forment un sens, comme *pain, tableau, voiture, rapidité, nomenclature*.

Un *monosyllabe* est un mot d'une syllabe; un *polysyllabe* est un mot de plusieurs syllabes.

QUESTIONNAIRE. Qu'est-ce que la *grammaire*? — Qu'est-ce que *parler*? — Qu'est-ce que *écrire*? — Que signifie *correctement*? — Combien y a-t-il de sortes de lettres? — Quelles sont les *voyelles*? — Quelles sont les *consonnes*? — Qu'appelle-t-on *syllabe*? — Qu'est-ce qu'un *mot*? — Qu'est-ce qu'un *monosyllabe*? — un *polysyllabe*?

Il y a trois sortes d'*e* : l'*e muet*, l'*e fermé* et l'*e ouvert*.

L'*e muet* se prononce à peine ou ne se prononce pas comme dans : *monde, table, je prie, je paierai*.

L'*e fermé* se prononce la bouche presque fermée : *bonté, rocher, nez*.

L'*e ouvert* se prononce la bouche très ouverte : *procès, succès, appel, sommeil*.

L'*y* grec s'emploie pour un *i* au commencement et à la fin des mots : *yeux, dey*, et dans le corps d'un mot après une consonne : *style, symétrie*.

Il s'emploie pour deux *i* dans le corps d'un mot après une voyelle : *pays, royaume*; lisez comme s'il y avait *pai-is, roi-iaume*.

La lettre *h* est *muette* lorsqu'elle n'empêche pas la liaison des mots : *les hommes, les histoires*; lisez *les zhommes, les zhistoires*.

Elle est *aspirée* lorsqu'elle empêche cette liaison : *les haricots, les Hollandais*; lisez comme s'il y avait *lè haricots, lè Hollandais*.

QUESTIONNAIRE. Combien y a-t-il de sortes d'*e*? — Qu'est-ce que l'*e muet*? — Qu'est-ce que l'*e fermé*? — Qu'est-ce que l'*e ouvert*? — Quand l'*y* grec s'emploie-t-il pour un *i*? — Quand s'emploie-t-il pour deux *i*? — Quand la lettre *h* est-elle *muette*? — Quand est-elle *aspirée*? — Donnez des mots où elle est muette. — Donnez-en où elle est aspirée?

Accents. Apostrophe. Cédille. Tréma.

Les *accents* sont des signes qu'on emploie sur les voyelles pour en changer la prononciation.

Il y a trois accents : l'*accent aigu,* l'*accent grave* et l'*accent circonflexe.*

L'*accent aigu* (′) se place sur la plupart des *e fermés : bonté, vérité.*

L'*accent grave* (`) se place sur la plupart des *e ouverts : succès, modèle;* et quelquefois sur la lettre *a : déjà, holà, voilà.*

L'*accent circonflexe* (^) se place sur la plupart des voyelles longues : *pâte, fête, dîme, pôle, flûte.*

L'*apostrophe* (') marque la suppression de l'une des lettres *a, e, i : l'âme, l'homme, s'il vient,* qui sont pour *la âme, le homme, si il vient.*

La *cédille* (¸) se place sous le *c* pour lui donner la prononciation d'un *s : façon, reçu, leçon, maçon, soupçon.*

Le *tréma* (¨) se met sur une voyelle qui doit être lue isolément, comme dans *Esaü, Moïse, Saül, naïf, mosaïque.*

QUESTIONNAIRE. Qu'est-ce que les *accents?* — Combien y a-t-il d'accents? — Où se place l'*accent aigu?* — Où se place l'*accent grave?* — Où se place l'*accent circonflexe?* — Que marque l'*apostrophe?* — Où place-t-on la *cédille?* — Quel est l'usage du *tréma?*

LES PARTIES DU DISCOURS.

Il y a dix espèces de mots, ou *parties du discours*.

Ces mots sont : le *nom*, l'*article*, l'*adjectif*, le *pronom*, le *verbe*, le *participe*, l'*adverbe*, la *préposition*, la *conjonction* et l'*interjection*.

Le *nom* est un mot qui sert à nommer les personnes et les choses, comme *Pierre, Paul, livre, chapeau*.

L'*article* est un mot qui se met devant le nom et qui en fait connaître le genre et le nombre : *le lion, la lionne, la plume, le crayon, les cahiers*.

L'*adjectif* est un mot qui marque la qualité des personnes et des choses, comme *honnête, habile, agréable;* ou qui en exprime certaine circonstance, comme dans *un enfant, mon chapeau, ce volume, aucun espoir*.

Le *pronom* est un mot qui tient la place du nom. Si, en parlant du soleil, je dis : *il est brillant, il*, qui remplace *soleil*, est un pronom. Au féminin, au lieu de *il*, on dit : *elle*.

QUESTIONNAIRE. Combien y a-t-il d'espèces de mots ou *parties du discours?* — Quels sont ces mots? — Qu'est-ce que le *nom?* — Citez des noms. — Qu'est-ce que l'*article?* — Donnez-en des exemples. — Qu'est-ce que l'*adjectif?* — Citez quelques adjectifs. — Qu'est-ce que le *pronom?* — Donnez un exemple du pronom.

Le *verbe* est un mot qui marque que l'on est ou que l'on fait quelque chose, comme *être, je suis; écrire, j'écris; lire, je lis.*

Le *participe* est un mot tiré du verbe, comme *aimant, aimé; finissant, fini; recevant, reçu,* etc.

L'*adverbe* est un mot qui s'ajoute au verbe pour en indiquer une circonstance, comme dans *marcher mal, manger trop, arriver demain,* etc.

La *préposition* est un mot qui en unit deux autres, comme dans *aller à Paris, venir de Marseille, passer par Bordeaux.*

La *conjonction* est un mot qui unit deux membres de phrase, comme dans *il pleut et le soleil luit.*

L'*interjection* traduit les impressions vives et subites de l'âme. *Hélas! Ah! Eh bien!* sont des interjections.

Le nom, l'article, l'adjectif, le pronom, le verbe et le participe sont appelés *mots variables,* parce qu'ils ne s'écrivent pas toujours de la même manière. L'adverbe, la préposition, la conjonction, l'interjection, sont appelés *mots invariables* parce qu'ils ne changent jamais.

QUESTIONNAIRE. Qu'est-ce que le *verbe?* — Donnez-en des exemples. — Qu'est-ce que le *participe?* — Montrez-en. — Qu'est-ce que l'*adverbe?* — Donnez-en des exemples. — Qu'est-ce que la *préposition?* — Citez des prépositions. — Qu'est-ce que la *conjonction?* — Montrez-en un exemple. — Qu'est-ce que l'*interjection?* — Citez-en.

LE GENRE ET LE NOMBRE.

Il y a deux genres : le *genre masculin* et le *genre féminin*.

Tous les noms d'hommes ou de mâles sont du genre masculin : *père, bœuf, lion,* etc.

Tous les noms de femmes ou de femelles sont du genre féminin : *mère, vache, lionne,* etc.

Les noms des choses inanimées ne devraient être d'aucun genre.

Cependant on a fait les uns, comme *livre, chapeau,* du genre masculin, et les autres, comme *table, chaise,* du genre féminin.

On met *un* ou *le* devant un nom masculin, et *une* ou *la* devant un nom féminin.

Il y a deux nombres : le *singulier* et le *pluriel*.

Le *singulier* n'indique qu'un seul être ou qu'un seul objet : *le cheval, la lune.*

Le *pluriel* indique plusieurs êtres ou plusieurs objets : *les bœufs, les maisons.*

QUESTIONNAIRE. Combien y a-t-il de genres? — Quels sont les noms du genre *masculin*? — Quels sont ceux du genre *féminin*? — De quel genre devraient être les noms des choses inanimées? — Qu'a-t-on fait cependant? — Que met-on devant un nom masculin? — Que met-on devant un nom féminin? — Combien y a-t-il de nombres? — Que marque le *singulier*? — Que marque le *pluriel*?

LA PERSONNE ET LE TEMPS.

Il y a trois personnes dans le discours : la *première* est celle qui parle; la *seconde* est celle à qui l'on parle; la *troisième* est celle de qui l'on parle.

Quand je dis : *j'écris*, je parle de moi-même, ou de la première personne; *tu lis*, je parle de toi-même, ou de la seconde personne; *il lit*, je parle de quelqu'un, qui est la troisième personne.

Il y a trois temps : le *présent*, le *passé* et le *futur*.

Le *présent* est le moment de la parole, comme quand je dis : *j'écris, je lis, je réfléchis*.

Le *passé* est le temps écoulé : *j'étudiais, je m'amusais, je rangeais mes cahiers*.

Le *futur* est le temps à venir : *je voyagerai, je m'instruirai, je reviendrai*.

Il n'y a qu'un présent. Mais il y a cinq passés : *je parlai, je parlais, j'ai parlé, j'eus parlé, j'avais parlé;* et deux futurs : *je chanterai, j'aurai chanté*.

QUESTIONNAIRE. Combien y a-t-il de *personnes* dans le discours? — Montrez ces trois personnes dans le discours. — Quelle est la *première*? — la *seconde*? — la *troisième*? — Combien y a-t-il de *temps*? — Qu'est-ce que le *présent*? — Qu'est-ce que le *passé*? — Qu'est-ce que le *futur*? — Montrez ces trois temps par des exemples. — Combien y a-t-il de présents? — de passés? — de futurs?

LA PONCTUATION.

Les *signes de ponctuation* indiquent les divisions de la pensée et les pauses qu'on doit faire en lisant.

Ces signes sont : la *virgule*, le *point*, le *point-virgule*, les *deux points*, le *point d'exclamation* et le *point d'interrogation*.

La *virgule* (,) indique les pauses les plus courtes.

Le *point-virgule* (;) et les *deux points* (:) marquent deux pauses à peu près égales, plus longues que celles indiquées par la virgule.

Le *point* (.) marque la pause la plus longue.

Les pauses marquées par le *point d'exclamation* (!) et le *point d'interrogation* (?) ont une durée qui varie selon la longueur et le sens de la phrase qui précède.

Outre les signes de ponctuation, il y a encore la *parenthèse* et les *guillemets*.

La *parenthèse* ( ) isole des mots qui pourraient être supprimés.

Les *guillemets* (« ») marquent une citation.

QUESTIONNAIRE. Qu'indiquent les signes de ponctuation? — Quels sont ces signes? — Qu'indique la *virgule*? — Qu'indiquent le *point-virgule* et les *deux points*? — Que marque le *point*? — Quelle est la durée des pauses marquées par le *point d'exclamation* et le *point d'interrogation*? — A quoi servent la *parenthèse* et les *guillemets*?

GÉOGRAPHIE.

La *géographie* est la description de la terre.

La terre est ronde. Elle a la forme d'une boule.

Comme nous l'avons déjà dit, elle n'est pas immobile.

Elle tourne sur elle-même en vingt-quatre heures, ce qui produit le jour et la nuit.

Elle tourne en même temps autour du soleil, ce qui produit l'année et les saisons.

On représente la terre au moyen de *globes* et de *cartes*.

Un *globe* est une boule sur laquelle on a dessiné les différentes parties de la terre.

Une *carte* est un dessin qui représente, sur une surface plane, la terre tout entière ou une partie de la terre.

La carte qui représente la terre tout entière s'appelle une *mappemonde*.

Un *atlas* est une collection de cartes géographiques.

QUESTIONNAIRE. Qu'est-ce que la *géographie*? — Quelle est la forme de la terre? — La terre est-elle immobile? — Comment tourne-t-elle? — Que produisent ses deux mouvements? — Comment représente-t-on la terre? — Qu'est-ce qu'un *globe*? — Qu'est-ce qu'une *carte*? — Qu'est-ce qu'une *mappemonde*? — Qu'est-ce qu'un *atlas*?

Les Points cardinaux.

Il y a quatre points cardinaux : le *levant*, le *couchant*, le *nord* et le *midi*.

Le *levant* est le point où le soleil se lève.

Le *couchant* est le point où le soleil se couche.

Le *nord* est le point qu'on a devant soi quand on a le levant à sa droite.

Le *midi* est le point opposé au nord.

Le levant s'appelle aussi *est* ou *orient*.

Le couchant s'appelle aussi *ouest* ou *occident*.

Le nord s'appelle aussi *septentrion*.

Le midi est aussi nommé *sud*.

Les points cardinaux servent à indiquer la position des différents lieux de la terre.

Ainsi l'on dit qu'un pays est au levant, au couchant, au nord ou au midi, selon qu'il est dans la direction de l'un ou de l'autre de ces points.

Sur les cartes de géographie, le nord est en haut; le midi, en bas; l'est, à droite; l'ouest, à gauche.

Exercez-vous à trouver les points cardinaux.

QUESTIONNAIRE. Combien y a-t-il de points cardinaux? — Qu'est-ce que le *levant*? — Qu'est-ce que le *couchant*? — Qu'est-ce que le *nord*? — Qu'est-ce que le *midi*? — Comment s'appelle aussi le levant? — le couchant? — le nord? — le midi? — A quoi servent les points cardinaux? — Où sont placés les points cardinaux sur les cartes de géographie?

Termes géographiques.

La *mer* ou l'*océan* est la vaste étendue d'eau qui couvre la plus grande partie de la terre.

Un *continent* est une grande étendue de terre non coupée par la mer.

Une *contrée* est une étendue de terre dont les habitants forment une même nation.

La *capitale* d'une contrée est la ville où siége le gouvernement de cette contrée.

Une *île* est une étendue de terre entourée d'eau de tous côtés.

Une *presqu'île* ou *péninsule* est une étendue de terre presque entourée d'eau de tous côtés.

On appelle *isthme* la langue de terre qui joint la presqu'île au continent.

On donne le nom d'*archipel* à la réunion d'un grand nombre d'îles.

Un *cap* ou *promotoire* est une pointe de terre qui s'avance dans la mer.

Une *montagne* est une grande élévation de terre. Une *chaîne de montagnes* est la réunion d'un grand nombre de montagnes.

QUESTIONNAIRE. Qu'est-ce que la *mer* ou l'*océan?* — Qu'est-ce qu'un *continent?* — Qu'est-ce qu'une *contrée?* — Qu'est-ce que la *capitale* d'une contrée? — Qu'est-ce qu'une *île?* — Qu'est-ce qu'une *presqu'île?* — Qu'appelle-t-on *isthme?* — A quoi donne-t-on le nom d'*archipel?* — Qu'est-ce qu'un *cap?* — Qu'est-ce qu'une *montagne?* — Qu'est-ce qu'une *chaîne de montagnes?*

Un *volcan* est une montagne qui lance des matières fondues appelées *laves*, des cendres, de la fumée et des flammes. L'ouverture d'un volcan se nomme *cratère*.

Un *golfe* ou *baie* est une partie de mer qui s'avance dans les terres.

Un *détroit* est une partie de mer resserrée entre deux terres.

Un *lac* est une étendue d'eau entourée de terre de tous côtés.

Un *fleuve* est un cours d'eau qui se jette dans la mer.

Une *rivière* est un cours d'eau qui se jette dans un fleuve ou dans une autre rivière.

On appelle *source* le point où un cours d'eau commence ; *embouchure*, celui où il se jette dans la mer ; *confluent*, celui où deux cours d'eau se réunissent.

La *rive droite* d'un fleuve ou d'une rivière est celle qu'on a à sa droite quand on suit le courant de l'eau ; la *rive gauche* est celle qu'on a à sa gauche.

QUESTIONNAIRE. Qu'est-ce qu'un *volcan*? — Comment se nomme l'ouverture d'un volcan? — Qu'est-ce qu'un *golfe*? — Qu'est-ce qu'un *détroit*? — Qu'est-ce qu'un *lac*? — Qu'est-ce qu'un *fleuve*? — Qu'est-ce qu'une *rivière*? — Qu'appelle-t-on *source*? — Que nomme-t-on *embouchure*? — Qu'est-ce qu'un *confluent*? — Qu'est-ce que la *rive droite* et la *rive gauche* d'un fleuve ou d'une rivière?

LES CINQ PARTIES DU MONDE.

La terre se divise en cinq parties principales : l'*Europe*, l'*Asie*, l'*Afrique*, l'*Amérique* et l'*Océanie*.

On les appelle les *cinq parties du monde*.

L'Europe est la partie du monde que nous habitons. Elle est la plus petite; mais elle est la plus remarquable par l'industrie de ses habitants et par leur civilisation.

L'Asie a été le berceau du genre humain. Elle est très grande et très peuplée.

L'Afrique est très chaude. La plupart de ses habitants sont noirs et très ignorants.

L'Amérique ne nous est connue que depuis 400 ans environ. Elle est divisée en deux parties : l'Amérique septentrionale et l'Amérique méridionale.

L'Océanie se compose d'un grand nombre d'îles habitées par des peuples la plupart encore sauvages.

L'Europe, l'Asie et l'Afrique forment l'ancien continent; l'Amérique forme le nouveau.

QUESTIONNAIRE. Comment se divise la terre ? — Comment appelle-t-on ces cinq parties ? — Que savez-vous sur l'Europe ? — Dites quelque chose de l'Asie. — Que savez-vous sur l'Afrique ? — Depuis combien d'années l'Amérique nous est-elle connue ? — Comment est-elle divisée ? — De quoi se compose l'Océanie ? — Qu'est-ce que l'ancien continent ? — Qu'est-ce que le nouveau ?

LES SEIZE CONTRÉES DE L'EUROPE.

L'Europe se divise en 16 contrées principales, dont 4 au nord, 7 au milieu et 5 au midi.

Les quatre contrées du nord de l'Europe sont les *Iles Britanniques*, capitale Londres; le *Danemark*, capitale Copenhague; la *Suède*, capitale Stockholm; la *Russie*, capitale Saint-Pétersbourg.

Les sept contrées du milieu de l'Europe sont : la *France*, capitale Paris; la *Belgique*, capitale Bruxelles; la *Hollande*, capitale La Haye; la *Suisse*, villes principales : Bâle, Berne et Genève; l'*Allemagne*, villes principales : Hambourg, Hanovre, Dresde, Francfort-sur-le-Mein, Stuttgard et Munich; l'*Autriche*, capitale Vienne; la *Prusse*, capitale Berlin.

Les cinq contrées du midi de l'Europe sont : le *Portugal*, capitale Lisbonne; l'*Espagne*, capitale Madrid; l'*Italie*, capitale Florence; la *Turquie*, capitale Constantinople; et la *Grèce*, capitale Athènes.

QUESTIONNAIRE. Comment se divise l'Europe? — Combien comprend-elle de contrées au nord? — Combien au milieu? — Combien au midi? — Quelles sont les contrées du nord? — Quelles sont celles du milieu? — Quelles sont celles du midi? — Quelle est la capitale des Iles Britanniques? — du Danemark? — de la Suède? — de la Russie? — de la France? — de la Belgique? — de la Hollande? etc. — Quelles sont les villes principales de la Suisse? — de l'Allemagne?

LA FRANCE.

La France est une des sept contrées du milieu de l'Europe.

Elle se divise en **89** départements administrés par des préfets.

Les départements se divisent en arrondissements administrés par des sous-préfets, sauf ceux des chefs-lieux qui sont administrés par les préfets. Les arrondissements se divisent en cantons, et les cantons en communes administrées par des maires.

Elle est gouvernée par l'Empereur Napoléon III.

Ses villes principales sont, au nord : Paris, Lille, Amiens, Rouen, Nancy et Metz;

A l'est : Strasbourg, Besançon, Dijon, Lyon et Saint-Etienne;

Au midi : Marseille, Toulon, Nîmes, Montpellier, Toulouse et Bordeaux;

A l'ouest : Nantes, Angers, Rennes et Brest;

Au milieu : Orléans, Limoges, Tours et Clermont-Ferrand.

QUESTIONNAIRE. Qu'est-ce que la France? — Comment se divise-t-elle? — Comment se divisent les départements? — les arrondissements? — les cantons? — Par qui sont administrés les départements? — les arrondissements? — les communes? — Par qui la France est-elle gouvernée? — Quelles sont les villes principales au nord? — à l'est? — au midi? — à l'ouest? — au milieu?

Noms des habitants des divers pays ou provinces.

Les habitants de l'Europe sont des Européens;
Ceux de l'Asie, des Asiatiques;
Ceux de l'Afrique, des Africains;
Ceux de l'Amérique, des Américains;
Ceux de l'Océanie, des Océaniens.
Parmi les Européens, on distingue :
Les Français, qui habitent la France;
Les Anglais, qui habitent l'Angleterre;
Les Allemands, qui habitent l'Allemagne;
Les Espagnols, qui habitent l'Espagne;
Les Portugais, qui habitent le Portugal;
Les Italiens, qui occupent l'Italie;
Les Grecs, qui occupent la Grèce;
Les Turcs, qui vivent en Turquie;
Les Russes, qui vivent en Russie;
Les Autrichiens, qui sont en Autriche;
Les Prussiens, qui vivent en Prusse.
Il y a encore les Belges, les Hollandais, les Suisses, les Danois et les Suédois.

QUESTIONNAIRE. Quel nom donne-t-on aux habitants de l'Europe? — A ceux de l'Asie? — A ceux de l'Afrique? — A ceux de l'Amérique? — A ceux de l'Océanie? — Qu'est-ce qu'un Français? — Un Anglais? — Un Allemand? — Un Espagnol? — Un Portugais? — Un Italien? — Un Grec? — Un Turc? — Un Russe? — Un Autrichien? — Un Prussien? — Un Belge? — Un Hollandais? — Un Suisse? — Un Danois? — Un Suédois?

Parmi les Français, il y a : les Flamands, en Flandre ; les Picards, en Picardie ; les Normands, en Normandie ; les Champenois, en Champagne ; les Lorrains, en Lorraine ; les Alsaciens, en Alsace ; les Franc-Comtois, en Franche-Comté ; les Bourguignons, en Bourgogne ; les Lyonnais, dans le Lyonnais ; les Dauphinois, en Dauphiné ; les Provençaux, en Provence ; les Corses, en Corse ; les Languedociens, en Languedoc ; les Béarnais, dans le Béarn ; les Gascons, dans la Gascogne ; les Poitevins, dans le Poitou ; les Bretons, en Bretagne ; les Angevins, dans l'Anjou ; les Tourangeaux, en Touraine ; les Orléanais, dans l'Orléanais ; les Berrichons, dans le Berry ; les Bourbonnais, dans le Bourbonnais ; les Auvergnats, dans l'Auvergne ; les Limousins, dans le Limousin.

Ces dénominations, qui tendent à disparaître, sont tirées, comme vous le voyez, des noms des anciennes provinces, dont vous étudierez plus tard la position et l'étendue.

QUESTIONNAIRE. Où habitent les Flamands ? — les Picards ? — les Normands ? — les Champenois ? — les Lorrains ? — les Alsaciens ? — les Franc-Comtois ? — les Bourguignons ? — les Lyonnais ? — les Dauphinois ? — les Provençaux ? — les Corses ? — les Languedociens ? — les Béarnais ? — les Gascons ? — les Poitevins ? — les Bretons ? — les Angevins ? — les Tourangeaux ? — les Berrichons ? — les Auvergnats ? — D'où sont tirées ces différentes dénominations ?

CORPS. SURFACE. LIGNE.

On appelle *corps, solide* ou *volume* ce qui réunit les trois dimensions de l'étendue.

Les trois dimensions de l'étendue sont : la *longueur*, la *largeur* et la *hauteur*.

On appelle *surface* ce qui n'a que deux dimensions, la longueur et la largeur.

Un champ, une vigne, une prairie, un jardin, un parquet, un plafond sont des surfaces.

Une *ligne* est ce qui n'a qu'une seule dimension, la longueur.

La distance d'un point à un autre, la hauteur d'un arbre, la profondeur d'un puits sont des longueurs.

Il y a trois sortes de lignes : la *ligne droite*, la *ligne courbe* et la *ligne brisée*.

La *ligne droite* est la plus courte distance d'un point à un autre.

La *ligne courbe* est celle qui n'est pas droite.

La *ligne brisée* est celle qui est composée de lignes droites.

QUESTIONNAIRE. Qu'est-ce qu'un *corps?* — Quelles sont les trois dimensions de l'étendue? — Qu'appelle-t-on *surface?* — Donnez des exemples de surfaces. — Qu'est-ce qu'une *ligne?* — Donnez des exemples de lignes. — Combien y a-t-il de sortes de lignes? — Qu'est-ce que la *ligne droite?* — Qu'est-ce que la ligne *courbe?* — Qu'est-ce que la *ligne brisée?*

Une ligne droite est *verticale* lorsqu'elle suit la direction du fil à plomb.

Une ligne droite est *horizontale* lorsqu'elle suit le niveau de l'eau tranquille.

Une ligne droite est *perpendiculaire* lorsqu'elle ne penche ni à droite ni à gauche d'une autre ligne qu'elle rencontre (**1**).

Elle est *oblique* lorsqu'elle penche soit à droite, soit à gauche de cette autre ligne.

Deux lignes sont *parallèles* lorsqu'elles conservent toujours entre elles le même écartement.

Un *angle* est l'écartement plus ou moins grand de deux lignes qui se rencontrent.

Il y a trois sortes d'angles : *l'angle droit, l'angle aigu* et *l'angle obtus*.

L'angle droit est formé par deux lignes qui tombent perpendiculairement l'une sur l'autre.

L'angle aigu est plus petit que l'angle droit, et *l'angle obtus* est plus grand.

QUESTIONNAIRE. Quand une ligne est-elle *verticale?* — Quand est-elle *horizontale?* — Quand est-elle *perpendiculaire?* — Quand est-elle *oblique?* — Dans quel cas deux lignes sont-elles *parallèles?* — Qu'est-ce qu'un *angle?* — Combien y a-t-il de sortes d'angles? — Qu'est-ce que *l'angle droit?* — Qu'est-ce que *l'angle aigu?* — Qu'est-ce que *l'angle obtus?*

---

(1) Je n'ai pas besoin de faire observer que cette définition, de même que celles qui précèdent et celles qui suivent, ne serait pas comprise des élèves si elle ne leur était expliquée par une figure au tableau.

POLYGONES.

Un *polygone* est une surface plane limitée par des lignes droites.

Le plus simple des polygones est le *triangle*, ou polygone à trois côtés.

Les polygones prennent différents noms selon le nombre de leurs côtés.

Un *quadrilatère* est un polygone à quatre côtés.
Un *pentagone* est un polygone à cinq côtés.
Un *hexagone* est un polygone à six côtés.
Un *heptagone* est un polygone à sept côtés.
Un *octogone* est un polygone à huit côtés.
Un *ennéagone* est un polygone à neuf côtés.
Un *décagone* est un polygone à dix côtés.
Un *dodécagone* est un polygone à douze côtés.
Un *pentédécagone* est un polygone à quinze côtés.
Un *icosagone* est un polygone à vingt côtés.

Les autres polygones se désignent par le nombre de leurs côtés. Ainsi l'on dit un polygone de onze, treize, dix-sept côtés, etc.

QUESTIONNAIRE. Qu'est-ce qu'un *polygone*? — Quel est le plus simple des polygones? — Qu'est-ce qu'un *quadrilatère*? — Qu'est-ce qu'un *pentagone*? — un *hexagone*? — un *heptagone*? — un *octogone*? — un *ennéagone*? — un *décagone*? — un *dodécagone*? — un *pentédécagone*? — un *icosagone*? — Comment se désignent les autres polygones?

Il y a trois sortes de triangles : le *triangle équilatéral*, le *triangle isocèle* et le *triangle scalène*.

Le *triangle équilatéral* a ses trois côtés égaux.

Le *triangle isocèle* a deux côtés égaux seulement.

Le *triangle scalène* a ses trois côtés inégaux.

On donne le nom de *triangle rectangle* à celui qui a un angle droit.

Les plus remarquables des quadrilatères sont : le *carré*, le *rectangle*, le *losange*, le *parallélogramme* et le *trapèze*.

Le *carré* est un quadrilatère qui a les côtés égaux et les angles droits.

Le *rectangle* est un quadrilatère qui a les angles droits sans avoir les côtés égaux.

Le *losange* est un quadrilatère qui a les côtés égaux sans avoir les angles droits.

Le *parallélogramme* est un quadrilatère qui n'a ni les angles droits, ni les côtés égaux, mais dont les côtés opposés sont parallèles.

Le *trapèze* est un quadrilatère qui a deux côtés seulement parallèles.

QUESTIONNAIRE. Combien y a-t-il de sortes de *triangles ?* — Qu'est-ce que le *triangle équilatéral ?* — le *triangle isocèle ?* — le *triangle scalène ?* — Qu'appelle-t-on *triangle rectangle ?* — Quels sont les plus remarquables des quadrilatères ? — Qu'est-ce que le *carré ?* — le *rectangle ?* — le *losange ?* — le *parallélogramme ?* — le *trapèze ?*

LE CERCLE ET LA CIRCONFÉRENCE.

Le *cercle* est une surface; la *circonférence* est une ligne.

On appelle *circonférence* une ligne courbe dont tous les points sont également éloignés d'un point intérieur appelé *centre*.

Le *cercle* est l'espace entouré par la circonférence.

Un *rayon* est une ligne droite qui va du centre à la circonférence.

Tous les rayons d'un même cercle sont égaux.

On appelle *diamètre* la ligne droite qui, passant par le centre, divise le cercle et la circonférence en deux parties égales.

Le diamètre est le double du rayon.

Un *arc* est une partie de la circonférence.

On nomme *corde* la ligne droite qui unit les deux extrémités d'un arc.

Une *ellipse* ou *ovale* est une ligne courbe régulière dont tous les points ne sont pas également éloignés du centre.

QUESTIONNAIRE. Peut-on confondre le *cercle* et la *circonférence?* — Qu'est-ce que le cercle? — Qu'est-ce que la circonférence? — Définissez le cercle. — Qu'est-ce qu'un *rayon?* — Tous les rayons d'un même cercle sont-ils égaux? — Qu'appelle-t-on *diamètre?* — Qu'est que le diamètre par rapport au rayon? — Qu'est-ce qu'un *arc?* — Qu'est-ce qu'une *corde?* — Qu'appelle-t-on *ellipse* ou *ovale?*

CUBE. PYRAMIDE. CYLINDRE. CONE. SPHÈRE.

Un *cube* est un corps renfermé entre six carrés égaux.

Un dé à jouer est un cube.

Une *pyramide* est un corps dont la base est un polygone et dont les faces latérales sont des triangles aboutissant à un point commun appelé le *sommet* de la pyramide.

Les pyramides prennent différents noms selon le nombre de leurs côtés. Il y en a de *triangulaires*, de *quadrangulaires*, de *pentagonales*, etc.

Un *cylindre* est un corps rond dont les bases sont des cercles égaux et parallèles.

Le litre légal a la forme cylindrique.

Un *cône* est un corps dont la base unique est un cercle.

Un pain de sucre est un cône.

On appelle *sphère* ou *boule* un corps rond dont tous les points extérieurs sont à égale distance d'un point intérieur appelé *centre*.

La terre a la forme d'une sphère.

QUESTIONNAIRE. Qu'est-ce qu'un *cube?* — Donnez-en un exemple. — Qu'est-ce qu'une *pyramide?* — Quels noms prennent les pyramides? — Qu'est-ce qu'un *cylindre?* — Donnez-en un exemple. — Qu'est-ce qu'un *cône?* — Donnez-en un exemple. — Qu'appelle-t-on *sphère* ou *boule?* — Quelle est la forme de la terre?

LES MESURES. LES POIDS. LES MONNAIES.

La mesure des longueurs est le *mètre*.

Le mètre se divise en *dix décimètres;* le centimètre, en *dix millimètres.*

Dix mètres font *un décamètre;* dix décamètres, *un hectomètre;* dix hectomètres, *un kilomètre;* dix kilomètres, *un myriamètre.*

L'hectomètre, le kilomètre et le myriamètre sont appelés *mesures itinéraires*, ou des chemins.

La mesure des surfaces est le *mètre carré.*

Le *mètre carré* est un carré qui a un mètre de chaque côté.

La surface des champs s'évalue en *ares.*

L'*are* est un carré qui a dix mètres de chaque côté, et qui vaut cent mètres carrés.

Le *centiare* est la centième partie de l'are. C'est la même chose que le mètre carré.

L'*hectare* vaut cent ares.

La mesure des volumes est le *mètre cube.*

Le *mètre cube* est un cube qui a un mètre de chaque côté.

QUESTIONNAIRE. Quelle est la mesure des longueurs? — Comment se divise le *mètre?* — Qu'est-ce qu'*un décamètre?* — *Un hectomètre?* — *Un kilomètre?* — *Un myriamètre?* — Quelle est la mesure des surfaces? — Qu'est-ce qu'*un mètre carré?* — Quelle est la mesure des champs? — Qu'est-ce que le *centiare?* — Qu'est-ce que l'*hectare?* — Quelle est la mesure des volumes? — Qu'est-ce que le *mètre cube?*

Quand il s'agit de bois de chauffage, on emploie le *stère*, qui est égal à un mètre cube.

Le *décistère* est le dixième du stère. Le *décastère* est une mesure de dix stères.

La mesure des liquides, des grains, du charbon, etc., est le *litre*.

Le litre équivaut à un décimètre cube.

Il se divise en *dix décilitres*; le décilitre, en *dix centilitres*.

Dix litres font *un décalitre*; dix décalitres, *un hectolitre*; dix hectolitres, *un kilolitre*.

L'unité des poids est le *gramme*.

Il se divise en *dix décigrammes*; le décigramme, en *dix centigrammes*; le centigramme, en *dix milligrammes*.

Dix grammes font *un décagramme*; dix décagrammes, *un hectogramme*; dix hectogrammes, *un kilogramme*; dix kilogrammes, *un myriagramme*.

Le gramme étant très petit, on prend le plus souvent pour unité le kilogramme.

QUESTIONNAIRE. Quelle mesure emploie-t-on pour les bois de chauffage? — Qu'est-ce que le *décistère?* — le *décastère?* — Quelle est la mesure des liquides? — A quoi équivaut le *litre?* — Comment se divise-t-il? — Qu'est-ce qu'*un décalitre?* — *un hectolitre?* — *un kilolitre?* — Quelle est l'unité des poids? — Comment se divise le *gramme?* — Qu'est-ce qu'*un décagramme?* — *un hectogramme?* — *un kilogramme?* — *un myriagramme?*

L'unité des monnaies est le *franc*.

Le *franc* est une pièce d'argent pesant cinq grammes et contenant un dixième de cuivre d'alliage.

Il se divise en *dix décimes*; le décime, en *dix centimes*; le centime, en *dix millimes*.

Les pièces de monnaie sont en cuivre, en argent ou en or.

Celles en cuivre sont : la pièce d'*un centime*, celle de *deux centimes*, celle de *cinq centimes* et celle de *dix centimes*.

Les pièces en argent sont : la pièce de *vingt centimes*, celle de *cinquante centimes*, celles de *un franc*, de *deux francs* et de *cinq francs*.

Les pièces en or sont : la pièce de *cinq francs*, celle de *dix francs*, celles de *vingt francs*, de *quarante francs*, de *cinquante francs* et de *cent francs*.

Les monnaies portent sur l'une de leurs faces l'effigie du souverain et sur l'autre l'indication de leur valeur et l'année de leur fabrication.

QUESTIONNAIRE. Quelle est l'unité des monnaies? — Qu'est-ce que le *franc*? — Comment se divise-t-il? — En quoi sont les pièces de monnaie? — Quelles sont les pièces de monnaie en cuivre? — Quelles sont celles en argent? — Quelles sont celles en or? — Que portent sur leurs faces les pièces de monnaie?

FIN.

Paris. — Typ. de Ch. Meyrueis, rue des Grès, 11.

Librairie de Ch. Meyrueis, rue de Rivoli, 174, Paris.

SPÉCIMENS des OUVRAGES de M. GRESSE, ancien professeur

TITRES DES OUVRAGES

Éléments de la Grammaire française de Lhomond, revus et complétés par A. Gresse. Nouv. édit., augm. 1 vol. in-12, cart. 75 c.
L'heureuse disposition typographique de cet ouvrage, les exercices, les traités d'analyse grammaticale et d'analyse logique qui y sont joints ont fait le succès de cet ouvrage, dont il s'est vendu plus de 30.000 exemplaires.

Petite Arithmétique pratique et raisonnée, à l'usage des écoles primaires. 8ᵉ édition, augmentée d'un chapitre sur les fractions ordinaires, et contenant un grand nombre d'exercices et de problèmes. 1 vol. in-12, cart. 75 c.
Cet ouvrage, dont la disposition typographique est la même que celle de la *Grammaire*, est suivi dans un grand nombre d'écoles.

Réponses des exercices et des problèmes contenus dans la *Petite Arithmétique*. In-12, br. 30 c.
Cette brochure est indispensable aux instituteurs qui ont peu de temps à consacrer à la vérification du travail de leurs élèves.

Petite Géographie des Écoles, avec les questions et les réponses en regard, des exercices au bas de chaque page et 7 jolies cartes coloriées. 4ᵉ édition. 1 vol. in-12, cart. 90 c.

On vend séparément :

La Petite Géographie, sans cartes. 1 vol. in-12, cart. 40 c.
Et l'Atlas de Petite Géographie. 1 vol. in-12, cart. 60 c.
Publié au mois d'août 1863, cet ouvrage est déjà parvenu à sa 4ᵉ édition. Moyennant un supplément de 10 c., on peut se le procurer suivi d'une Notice sur son département.

Choix de Fables et Poésies diverses, pour servir aux premiers exercices de lecture et de récitation dans les écoles primaires. 2ᵉ édit., augmentée. 1 vol. in-12, cart. 75 c.
Les morceaux dont se compose ce recueil y sont placés dans l'ordre de leur étendue et de leurs difficultés.

Petite Chrestomathie française. Recueil de morceaux choisis, en prose et en vers, extraits de nos meilleurs écrivains et pouvant servir à la fois d'exercices de lecture et de mémoire, de dictées d'orthographe et de modèles de style. 4ᵉ édit. 1 vol. in-12, cart. 1 fr. 50 c.
Cet ouvrage a aussi été publié sous le titre de *Choix de Lectures*. On est prié de le demander sous le titre que l'on préfère.

Méthode de Lecture, avec ou sans épellation. Nouvelle édition. 16 tableaux in-plano. 1 fr. 60 c.
Le même ouvrage, in-12, pour l'élève. 20 c.
Cette méthode est simple, graduée, facile et complète. Le tirage de la nouvelle édition ne laisse rien à désirer.

Manuel de Lecture courante et d'Instruction préparatoire, contenant les connaissances à la portée des enfants qui commencent à lire, avec questionnaires. 1 vol. in-12, cart. 60 c.

Atlas des Départements et de l'Algérie, composé de 92 cartes dessinées par Perrot et gravées sur acier par Tardieu. 1 vol. in-12, cart. 2 fr.

Petit Atlas classique universel de Géographie ancienne et moderne, composé de 87 cartes gravées sur acier avec le plus grand soin. 1 vol. in-12, cart. 2 fr. 50 c.

Opinion des Instituteurs sur les Ouvrages de M. Gresse.

J'ai le plaisir de vous dire que nous sommes, mon confrère M. Escande et moi, très satisfaits de votre *Petite Arithmétique*, et que nous nous félicitons chaque jour de plus en plus de l'avoir adoptée. Nous ne doutons pas qu'un bon nombre d'instituteurs ne suivent notre exemple. En publiant ce petit ouvrage, vous avez rendu un important service à l'instruction primaire, et nous vous en remercions vivement. CHAUDIER, *inst. à Bordeaux*.

La *Grammaire* de M. Gresse est excellente pour les commençants, ainsi que l'*Arithmétique* et la *Petite Géographie*. BERNARD, *inst. à Saillans (Drôme)*.

Je félicite M. Gresse des excellents ouvrages qu'il a publiés pour les écoles primaires. Ces ouvrages sont clairs, simples, faciles, et ne peuvent que se répandre dans toutes les écoles. BONNET, *inst. au Bousquet (Tarn)*.

Je me fais un plaisir de vous apprendre que j'ai adopté définitivement la *Grammaire* et l'*Arithmétique* de M. Gresse. Je suis très satisfait de ces deux ouvrages : ce sont les meilleurs livres élémentaires que je connaisse, ceux qui conviennent le mieux aux écoles rurales. La *Grammaire* surtout est un véritable chef-d'œuvre de clarté, de simplicité, de précision.
  TOURNEMIRE, *inst. à Seychalles (Puy-de-Dôme)*.

Je vous adresse le montant de la *Petite Géographie* que vous m'avez envoyée. La clarté, la simplicité et l'heureuse disposition typographique de cet ouvrage, lui préparent un grand succès. Je me propose de l'introduire dans mon école, ainsi que la *Grammaire* et l'*Arithmétique*, à la prochaine rentrée des classes.
  BEUZART, *inst. à Nogent-l'Abbesse (Seine-et-Marne)*.

J'ai pris connaissance de l'*Arithmétique* et de la *Grammaire* de M. Gresse. Ces ouvrages sont excellents sous tous les rapports et parfaitement appropriés aux besoins des écoles rurales. Veuillez m'envoyer de chacun d'eux une douzaine d'exemplaires. MALLOT, *inst. à Reignac (Gironde)*.

Veuillez m'envoyer cinq exemplaires de la *Petite Géographie des écoles*. Je me félicite d'avoir adopté cet ouvrage ; car, grâce aux procédés simples, clairs, ingénieux de l'auteur, quarante de mes élèves ont appris ou repassé en peu de temps, les éléments indispensables de la géographie.
  POTEAU, *inst. à Villiers-le-Morhiers (Eure-et-Loir)*.

Je vous prie de m'envoyer six *Eléments de la Grammaire française de Lhomond*, revus par A. Gresse. Cet excellent petit ouvrage est remarquable par sa clarté, ses exercices et son heureuse disposition typographique. Les autres ouvrages du même auteur se recommandent par les mêmes qualités.
  DEBARRY, *directeur du Petit-Collège, à Montpellier*.

J'ai expérimenté la *Petite Géographie* de M. Gresse et en ai obtenu des résultats surprenants. Veuillez m'envoyer, de nouveau, six exemplaires de cet ouvrage.
  BERNARD, *inst. à Montbrun (Drôme)*.

Je suis heureux de vous dire qu'aucun livre ne peut rivaliser avec ceux de M. Gresse pour l'instruction de l'enfance. ESSON, *inst. à Saint-Prix (Marne)*.

Je suis on ne peut plus satisfait de l'*Arithmétique* de M. Gresse. Veuillez m'envoyer la *Grammaire* pour que j'en prenne connaissance.
  DEBRYE, *inst. à Noailles (Oise)*.

J'ai examiné les *Eléments de la Grammaire française de Lhomond*, revus par A. Gresse, et je me hâte de vous dire qu'aucun ouvrage ne me paraît préférable à celui-là pour les écoles primaires. LE MÊME.

La rapidité avec laquelle on apprend à lire aux enfants au moyen de la *Méthode* de M. Gresse me fait un devoir de l'introduire dans mon école. Veuillez avoir la bonté de m'en envoyer un exemplaire en tableaux.
  COSTE, *inst. à Saint-Ambroix (Gard)*.

Tout est admirable dans les ouvrages de M. Gresse. Disposition typographique excellente, clarté extrême dans les définitions, heureux choix des exercices : rien n'y manque CHALOT, *inst. à Ormoiche (Haute-Saône)*.

MÉTHODE DE LECTURE AVEC OU SANS ÉPELLATION

PREMIER TABLEAU

Voyelles ou Sons

(Voir l'*Instruction* en tête de l'ouvrage)

a o u i y

e é è ê

Exercice

a	e	o	é	u	è	i	ê	y
e	o	é	u	è	i	ê	y	e
o	é	u	è	i	ê	y	e	a
é	u	è	i	ê	y	e	a	é
u	è	i	ê	y	e	a	é	o
è	i	ê	y	e	a	é	o	è
i	ê	y	e	a	é	o	è	u
ê	y	e	a	é	o	è	u	ê

ÉLÉMENTS
DE LA GRAMMAIRE FRANÇAISE.

INTRODUCTION.

1. Qu'est-ce que la Grammaire ? — La Grammaire est l'art de parler et d'écrire correctement.

2. Qu'emploie-t-on pour parler et pour écrire ? — Pour parler et pour écrire, on emploie des mots.

3. De quoi sont composés les mots ? — Les mots sont composés de lettres.

4. Combien y a-t-il de sortes de lettres ? — Il y a deux sortes de lettres, les *voyelles* et les *consonnes*.

5. Quelles sont les voyelles ? — Les voyelles sont *a, e, i, o, u* et *y*.

6. Pourquoi les appelle-t-on *voyelles* ? — On les appelle *voyelles*, parce que, seules, elles forment une *voix*, un son.

7. Quelles sont les consonnes ? — Les consonnes sont : *b, c, d, f, g, h, j, k, l, m, n, p, q, r, s, t, v, x* et *z*.

8. Pourquoi les appelle-t-on *consonnes* ? — On les appelle *consonnes*, parce qu'elles ne forment un son qu'avec le secours des voyelles, comme dans *ba, be, bi, bo, bu; ca, ce, ci, co, cu; da, de, di, do, du;* etc.

1ᵉʳ EXERCICE. *Distinguez les voyelles et les consonnes, en disant :*

A est une voyelle, parce que, seule, elle forme une *voix*, un son ; N est une consonne, parce que, etc.

Anatole étudie avec le plus grand soin ; il ne se borne pas à apprendre les mots par cœur, mais il cherche surtout à en comprendre le sens et à retenir les idées. Lorsqu'il sait sa leçon, il se fait lui-même les demandes, et y répond sans voir le livre. Aussi ses progrès sont-ils très satisfaisants ; il a toujours les meilleures places dans les compositions, son maître le cite comme un modèle, et ses parents sont heureux des succès qu'il obtient. Quelle plus douce satisfaction pourrait-il éprouver ?

AVIS. Pour exercer les élèves à l'orthographe, on leur dictera chaque jour l'exercice correspondant à la leçon, après le leur avoir fait copier ou lire au moins

PETITE ARITHMÉTIQUE PRATIQUE ET RAISONNÉE

CHAPITRE PREMIER

NOMBRES ENTIERS

NOTIONS PRÉLIMINAIRES

1. Qu'est-ce que l'arithmétique ? — L'ARITHMÉTIQUE est la science des nombres.

2. Qu'est-ce qu'un nombre ? — Un *nombre* est la réunion de plusieurs unités : *six* francs, *douze* soldats sont des nombres.

3. Qu'appelle-t-on unité ? — On appelle *unité* une des choses que l'on compte. Si l'on compte des francs, le *franc* est l'unité ; si l'on compte des mètres, le *mètre* est l'unité.

4. Comment forme-t-on les nombres ? — On forme les nombres en ajoutant l'unité à elle-même, ou *un à un*, ce qui donne *deux* ; puis un à deux, ce qui donne *trois* ; puis un à trois, ce qui donne *quatre*, etc.

NUMÉRATION

5. Qu'est-ce que la numération ? — La *numération* est l'art d'exprimer les nombres par des mots et de les représenter par des chiffres.

6. Comment se divise-t-elle ? — Elle se divise donc en deux parties : la *numération parlée* et la *numération écrite*.

EXERCICES SUR LA NUMÉRATION PARLÉE.

Comptez de *un* à *dix*, de *dix* à *vingt*, de *vingt* à *trente*, de *trente* à *quarante*, etc. — Comptez sans interruption de *un* à *cent*. — Combien y a-t-il de lignes ci-dessus ? — Combien dans le questionnaire ? — Combien dans cet exercice ? — Combien y a-t-il de lettres dans les quatre premières lignes ? — Combien y en a-t-il dans les mots *arithmétique*, *nombre*, *unité*, *numération* ? — Combien dans les mots *questionnaire*, *exercice* ? — Combien avons-nous de doigts à chaque main ? — Combien y a-t-il de fenêtres, de tables, de bancs, de chaises et d'élèves dans la classe ? — Combien d'élèves à la première table, à la seconde, à la troisième, etc. ? — Combien de tableaux noirs, de tableaux de lecture, de cartes géographiques ? — Comptez les feuillets de ce livre. — Comptez les pages écrites de votre cahier, les pages blanches. — Comptez les lettres du questionnaire. — Comptez les lettres des réponses.

PETITE GÉOGRAPHIE DES ÉCOLES

Points cardinaux.

1. Qu'est-ce que la GÉOGRAPHIE ?

La GÉOGRAPHIE est la description de la terre.

2. C^t indique-t-on la situat. des différ. lieux de la terre ?

On indique la situation des différents lieux de la terre au moyen des *points cardinaux*.

3. Combien y a-t-il de points cardinaux ?

Il y a quatre points cardinaux : le *levant*, le *couchant*, le *nord* et le *midi*.

4. Qu'est-ce que le *levant*, le *couchant*, le *nord*, le *midi* ?

Le *levant* est le point où le soleil se lève ; le *couchant* est le point où le soleil se couche ; le *nord* est le point qu'on a devant soi quand on a le levant à sa droite ; le *midi* est le point opposé au nord.

5. Quels sont les autres noms donnés aux points cardinaux ?

Le levant s'appelle aussi *est* ou *orient* ; le couchant, *ouest* ou *occident* ; le nord, *septentrion*, et le midi, *sud*.

6. Quels points place-t-on entre les points cardinaux ?

Entre ces quatre points, on en place quatre autres, savoir : le *nord-est* entre le nord et l'est ; le *sud-est* entre le sud et l'est ; le *nord-ouest* entre le nord et l'ouest ; le *sud-ouest* entre le sud et l'ouest.

7. Où sont placés les points cardinaux sur les cartes de géographie ?

Sur les cartes de géographie, le levant est ordinairement à droite ; le couchant, à gauche ; le nord, en haut ; le midi, en bas.

EXERCICE SUR LES POINTS CARDINAUX.

Tournez-vous du côté du levant. — Du côté du couchant. — Du côté du nord. — Du côté du midi. — Quels points a-t-on à sa gauche, devant, derrière soi, quand on a à sa droite : 1° le levant ; 2° le couchant ; 3° le nord ; 4° le midi ? — Quels points a-t-on à sa droite, devant, derrière soi, quand on a à sa gauche : 1° le levant ; 2° le couchant ; 3° le nord ; 4° le midi ? — Regardez le nord-est. — Le nord-ouest. — Le sud-est. — Le sud-ouest. — Quelle est la direction de l'ombre le matin ? — A midi ? — Le soir ? — Dessinez une étoile à huit pointes indiquant la direction des points cardinaux et des points intermédiaires (Voir la mappemonde).

CHOIX DE FABLES

LA RENONCULE.

La renoncule un jour dans un bouquet
   Avec l'œillet se trouva réunie :
Elle eut le lendemain le parfum de l'œillet.
On ne peut que gagner en bonne compagnie.
Béranger.

LE VIOLON.

Un jour tombe et se brise un mauvais violon ;
    On le ramasse, on le recolle,
    Et de mauvais, il devient bon.
L'adversité souvent est une heureuse école.
Théveneau.

LE SINGE, L'ANE ET LA TAUPE.

De leurs plaintes sans fin, de leurs souhaits sans bornes,
Le singe et l'âne un jour importunaient les cieux :
« Ah ! je n'ai point de queue ! — Ah ! je n'ai point de cornes !
— Ingrats, reprit la taupe, et vous avez des yeux ! »
Boisard.

LA VIGNE ET LE CAMÉLIA.

Une vigne, accrochée aux branches d'un tilleul,
Raillait un camélia sur sa petite taille.
L'autre lui répondit : « Ta grandeur qui me raille
A besoin d'un appui ; je me soutiens tout seul. »
Du Chapt.

MORCEAUX CHOISIS.

PREMIÈRE PARTIE.

PROSE.

DE LA LECTURE DES BONS ÉCRIVAINS.

La lecture des bons modèles a toujours été regardée comme éminemment propre à développer le germe des talents. La voie des préceptes est longue, celle des exemples est beaucoup plus courte. Les maîtres peuvent nous donner les règles du style ; c'est dans les auteurs qu'il faut en chercher la pratique. Mais quels auteurs doit-on lire et comment doit-on les lire? Le goût de la lecture est naturel aux jeunes gens, et souvent ils le portent jusqu'à la passion : de là vient qu'il est si funeste à un grand nombre d'entre eux. Il a donc besoin d'être réglé. Qu'ils choisissent parmi les écrivains ceux que le jugement des siècles et une opinion publique bien prononcée, certaine, invariable, ont placés au premier rang. Nous ne dirons pas jusqu'où ils pourront dans la suite étendre leurs lectures; mais en attendant qu'ils aient le goût assez sûr pour pouvoir braver les dangers imminents d'une corruption devenue aujourd'hui très commune, ils doivent rigoureusement s'en tenir à un petit nombre d'excellents modèles.

GIRARD.

OUVRAGES DE M. GRESSE

Méthode de Lecture, avec ou sans épellation. Nouvelle,
16 tableaux in-folio.

Le même ouvrage, in-12, pour l'élève,

Le cartonnage se paie 5 centimes en sus.

Cette méthode, imprimée en gros caractères, est à la fois simple, graduée et complète.

Syllabaire mécanique, pour l'enseignement de la lecture
écoles et les familles.

Système ingénieux au moyen duquel l'enfant n'a jamais sous les yeux que ou la syllabe qu'on veut lui faire lire.

Manuel de Lecture courante et d'Instruction préparatoire, avec questionnaires. 1 vol. in-12.

Ce petit ouvrage contient la plupart des connaissances à la portée des enfants qui commencent à lire.

Choix de Fables et autres pièces de vers pour les premiers exercices de mémoire et de récitation. Nouvelle édition. 1 vol. in-12, cart.

Les morceaux dont se compose ce recueil y sont placés dans l'ordre de leur étendue, afin qu'il soit facile de proportionner le travail de l'enfant au développement de sa mémoire.

Éléments de la Grammaire française de Lhomond, revus, complétés par A. Gresse. Nouvelle édition. 1 vol. in-12, cart.

Une disposition typographique particulière, qui place les questions et les réponses en regard, des exercices au bas de chaque page; un traité d'analyse grammaticale, les modifications heureuses apportées à l'ancien texte, ont fait de la Grammaire de Lhomond un ouvrage nouveau très apprécié des instituteurs.

Petite Arithmétique pratique et raisonnée, à l'usage des écoles primaires. Nouvelle édition, augmentée d'un chapitre sur les fractions ordinaires, et contenant un grand nombre d'exercices et de problèmes. 1 vol. in-12, cart.   75 c.

Même disposition typographique que les *Éléments de Grammaire*.

Réponses des Exercices et des Problèmes contenus dans la *Petite Arithmétique*. In-12, broché.   30 c.

Cette brochure est indispensable aux instituteurs qui ont peu de temps à consacrer à la vérification du travail de leurs élèves.

Petite Géographie des écoles. Ouvrage sur un plan tout nouveau. In-12, cartonné.

Atlas de la Petite Géographie des écoles, composé de 7 cartes coloriées, cart.   60 c.

Les deux ouvrages réunis.   90 c.

Petite Chrestomathie française. Recueil de morceaux choisis en prose et en vers, extraits de nos meilleurs écrivains, et pouvant servir à la fois d'exercices de lecture et de mémoire, de dictées d'orthographe et de modèles de style. Nouvelle édition. 1 vol. in-12, cart.   1 fr. 50

Cet ouvrage a aussi été publié sous le titre de *Choix de Lectures*. On est prié de demander sous le titre que l'on préfère.

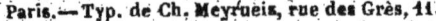

Paris. — Typ. de Ch. Meyrueis, rue des Grès, 11.

www.ingramcontent.com/pod-product-compliance
Lightning Source LLC
Chambersburg PA
CBHW070251100426
42743CB00011B/2223